U0803981

化地图

女神的足迹

· 赤诚

追寻红色文化，源于内心的光和热。

· 海派

以海纳百川的胸襟，孕育出古典雅致、开放多元的时代气息。

· 江南

从婉约烟雨中缓缓而来，耕读传家，清雅灵秀。

图书在版编目（CIP）数据

女神的足迹 ：上海女性文化地图 / 上海市妇女联合会，新民周刊社编著 . -- 上海 ：文汇出版社，2019.8

ISBN 978-7-5496-2918-3

Ⅰ . ①女… Ⅱ . ①上… ②新… Ⅲ . ①旅游指南－上海 Ⅳ . ① K928.951

中国版本图书馆 CIP 数据核字（2019）第 128098 号

女神的足迹

编　　著 / 上海市妇女联合会、新民周刊
责任编辑 / 吴　华
装帧设计 / 乐　业

出 版 人 / 周伯军

出版发行 / **文匯**出版社
　　　　　上海市威海路 755
　　　　　（邮政编码 200041）
经　　销 / 全国新华书店
印刷装订 / 上海锦佳印刷有限公司
版　　次 /2019 年 9 月第一版
印　　次 /2019 年 9 月第一次印刷
开　　本 /787×1092 1/32
字　　数 /160 千字
印　　张 /8.5

ISBN 978-7-5496-2918-3
定　　价 /49.00 元

编委会成员

主　　编：徐　枫

副 主 编：翁文磊　王剑璋

策　　划：陈建军　刘　琳

执行编辑：钱亦蕉　徐维娜　吴　朋　顾逊里

撰　　稿：应　琛　金　姬　阙　政　孔冰欣

美术设计：乐　业

插　　图：刘绮黎

序言

徐 枫

上海女作家程乃珊曾说：“有怎样的城市，便会有怎样的女人。女人是城市气质的具体化，就好比灯笼里亮起的那一点火，整个灯笼就生动起来。”对于上海这个大灯笼，里面的火就是一位精致的女性，而她的生动则体现了上海文化的三大融合——从如水般的江南文化出发，缔造独特的海派文化，更迎来红色文化的发轫、漫染和勃兴。

2019 年恰逢新中国成立 70 周年和上海解放 70 周年，我们在全上海精心挑选了 70 处文化景点以飨读者。它们不仅体现了这座城市的底蕴和灵魂，又都和这座城市的女性有关。甚至可以说，正是因为有这些自尊自信自强自立的女性存在，才让上海有了成为全球卓越城市的底气。

在本书挑选的红色文化 23 处景点中，很多对党史了解的人也未必知道上海女性在其中发挥的重要作用。例如，中共一大召开时，这栋房子的主人是一位女性；而中共二大会址也是平民女校旧址，这也是我党最早培养妇女干部的学校。女性也在这片热土上抛头颅、洒热血——“龙华二十四烈士”中就有三位是女性，甚至有的身怀六甲和丈夫慷慨就义。难能可贵的是，革命年代的女性，不仅“能顶半边天”、巾帼不让须眉，还在各自擅长的领域发光发热——“鉴湖女侠”秋瑾曾在上海创办《中国女报》；中共第一任妇女部长向警予曾在上海领导妇女运动；而“七君子”之一的史良女士在上海开业任律师时，曾办理过营救邓中夏等中共地下党员的多起案件。

再来说说海派文化，作为上海开埠以来的产物，它的孕育与发展依托上海高度商业化的社会，又以创新和灵活多样拓展市场。本书挑选的30处体现海派文化的景点，更是离不开上海女性的才情和贡献。例如，上海博物馆的三大镇馆之宝中，有两件和女性有关——大克鼎由潘达于女士捐献，而南宋《缂丝莲塘乳鸭图》的创作者朱克柔更是地地道道的上海女人。值得一提的是，上海的女科学家人数和比例在全国属于领先地位——上海院士风采馆里介绍了许多献身科学的上海女院士，上海天文馆的65米射电望远镜则由女院士叶叔华促成兴建。此外，由于较早与西方接轨，上海是一座对待女性特别友好的城市——从市三女中到上海妇女用品商店，从土山湾纪念馆到女青年会大楼——这座城市的一些设施、建筑专为女性而设，这可能是一种区别于其他大城市的海派特色。

最后谈一下曾被忽略的江南文化。上海市民的主体是江南移民的后代。江南文化崇实、重商、重民、精致、开放，这是中国文化自身滋长出来的现代性。这些特点到了上海，得到了进一步的发展与升华。本书挑选的17处江南文化景点，大多位于上海郊区，因为那里较好地保存了古风古韵。例如，浦东新场古镇，有着“科第两朝称盛”的记载，在光绪二十八年（1902）就有了女子学堂；青浦练塘古镇，因唐末刺史章仔钧偕夫人练氏镇守于此而得名，以一个女子的名字而给一个镇子起名，这在现代都很少见，可见上海的男女平等观念在古代就已显现；而闵行浦江镇召稼楼的秦怡艺术馆和金山廊下小学的何鄂雕塑馆，则都是向本土女艺术家的致敬。

在首届中国国际进口博览会开幕式主旨演讲中，习近平总书记这样提到上海的“好”:“开放、创新、包容已成为上海最鲜明的品格。这种品格是新时代中国发展进步的生动写照。”

上海女性，提升了这座城市的品格。这一次，在新中国成立70周年和上海解放70周年之际，请让我们跟随女神的足迹，踏遍申城70个文化景点，穿越上海历史千年……

目录

赤诚

海派

江南

附录

中共一大会址纪念馆

在上海，市中心的“新天地”早已成为时尚地标。在这里，青砖小路两旁净是些老上海气息浓郁的石库门建筑，众多中外面孔或穿梭其中、或露天而坐享受中西合璧的美食。

成就其蜚声中外名头的，不仅是这里的繁华商业、摩登气质，更有那片承载厚重人文主题的石库门经典“老屋”。其中最著名的，

赤诚

一腔热血勤珍重

追寻红色文化，源于内心的光和热。
沿着革命的足迹，
一步一步，光荣岁月的激荡往事，
再度袭上心头。
勇者无畏，信仰如灯塔，指引她们前行。

无疑当属见证中国共产党“开天辟地”的望志路 106 号（今兴业路 76 号）。

2017 年 10 月 31 日，在党的十九大胜利闭幕一周之际，习近平总书记带领中共中央政治局常委专程赶赴上海瞻仰中共一大会址，沿着早期共产党人的足迹，探寻党的精神密码。

感奋之余，想起一段往事一个人，即上海中共一大会址的女主人薛文淑。

1920 年末，上海共产主义小组代表李汉俊及其兄李书城租用望

步行10分钟
1 黄陂南路站
太仓路
顺昌路
黄陂南路
湖滨路
无限极荟
济南路
兴业路
新天地商场
平安公园
自忠路

修旧如旧的纪念馆，仿佛带人们穿越到那个风云际会的年代。

志路 106 号、108 号为寓所，将两幢房屋的内墙打通，成为一家，人称“李公馆”。1921 年春，薛文淑和李书城在这里结婚，新房设在 108 号楼上。婚后不久，李书城去湖南主持军务，薛文淑在上海博文女校就读。

1921 年 7 月 23 日，中国共产党第一次全国代表大会在上海望志路 106 号楼下 18 平方米的客厅里召开。薛文淑当时上学的博文女校（白尔路 389 号，今黄陂南路，为“中共一大代表宿舍旧址”），离李公馆不远。一大召开时，参加大会的毛泽东等九人，以“北大师生暑期旅行团”的名义就借宿在博文女校。他们在这里讨论交流工作，起草文件，完成了中共一大会议的准备工作。

1950 年 9 月，中共上海市委根据中央的指示，寻找中共一大会址。经多方勘查，李达、董必武、包惠僧和薛文淑等多位历史当事人、见证人现场踏勘，确认今兴业路 76 号为中共一大会址。中华人民共和国成立后，薛文淑先后在中央人民政府农业部、全国人大常委会、中国科学院、国务院机关事务管理局等单位工作。1994 年 9 月 11 日病逝，享年 89 岁。

青色砖墙、红色窗棂、米黄色石条门框以及黑漆大门上的铜环……修旧如旧的纪念馆,仿佛带人们穿越到那个风云际会的年代。作为中共党史最重要的见证之一,这里持续吸引着众多历史探寻者。每日开馆伊始，门前已是排起长队，来自各地的参观者络绎不绝。

该馆征集收藏的文物史料和历史照片达 10 万余件，其中被鉴定为国家一级文物的有 118 件，是上海近现代文物史料收藏数量最多、国家一级文物最多的革命纪念馆。

地址：
上海市黄浦区兴业路 76 号

公交、地铁线路：
地铁 1 号线、13 号线

TIPS
- □ 上海新地标之一，在老上海石库门中体验现代新时尚。
- □ 漫步太平桥公园，看潮人街拍，悠闲品味下午茶。
- □ 晚上穿梭于各个酒吧，体验夜上海生活。

中共二大会址纪念馆

中共二大第一次全体会议是在上海南成都路辅德里625号（今老成都北路7弄30号）召开。这幢始建于1915年的石库门楼房是当时中央局宣传主任李达的寓所。1959年被上海市人民委员会确定为“上海市级文物保护单位”。

值得注意的是，中共二大一次会议是党的历史上一次十分重要的会议——第一次提出了党的民主革命纲领，第一次提出了党的统一战线思想，制定了第一部《党章》，第一次公开发表了《中国共产党宣言》，第一次比较完整地对工人运动、妇女运动和青少年运动提出了要求，第一次决定加入共产国际，第一次提出了“中国共产党万岁”的口号。

平民女校是我党创办的一所妇女工读学校，也是最早培养妇女干部的学校。

中共二大会址纪念馆为两排东西走向的石库门里弄住宅建筑，砖木结构，建筑面积2282平方米，基本保留了1915年始建时的建筑风貌。旧址中的摆设根据李达及其夫人王会悟的回忆重新布置。纪念馆展区面积1170平方米，由序厅、中共二大展厅、党章历程厅、中共二大会议旧址、平民女校旧址展厅以及临时展厅六个展区组成。

与其他党的会址纪念馆不同，这里的平民女校旧址十分值得一看。

中国共产党成立以后，非常重视妇女解放和妇女运动。为了培养妇女干部，1921年10月陈独秀与李达着手创办平民女校，校址就选在李达当时的寓所。1922年2月，平民女校正式开办，其宗旨为“养成妇运人才，开展妇运工作”。

平民女校是我党创办的一所妇女工读学校，也是最早培养妇女干部的学校。平民女校虽然开办时间不到一年，但培养出了丁玲、钱希均、王一知、王剑虹、秦德君等一批著名的妇女人才。在革命年代艰苦的岁月里，女校学员们从未放弃过对美好事物的追求和向往，通过半工半读的方式实现自身价值。平民女校在中国妇女运动史上有着重要的地位。

此外，值得一提的是，在当年李达的寓所内，他屋内楼梯转角处的书房则是中共第一个秘密出版机构——人民出版社的旧址所在。出于文物保护的需要，会议原址区域无法让人过于接近，纪念馆特别将该处的场景复原，单独设置展区。

地址：
上海市静安区老成都北路 7 弄 30 号

公交、地铁线路：
地铁 1 号线、2 号线；公交 01 路、23 路、36 路、49 路、71 路、104 路、沪青线等

TIPS

□ 如今的中共二大会址纪念馆，位于占地 28 公顷的延安中路公共绿地之中，它是上海市中心最大的“绿肺”，有效缓解了热岛效应。

□延中绿地由加拿大风景园林设计师协会主席文森特设计，不仅种植了各种国外植物，还有假山和瀑布，是上海“城市森林”的典范。

中共四大纪念馆

如今四川北路公园内的中共四大纪念馆，四周绿树成荫、鲜花繁茂。公园内蜿蜒错落的绿化景观，大气开阔的下沉式广场，将繁华商业中心的世俗喧闹层层过滤，使公园深处的四大纪念馆浸染在一片宁静庄严的氛围中。步入这座传统石库门元素与现代简约风格巧妙融合的赭红色建筑，如同走进一座红色殿堂。在这里，无论是权威打造的基本陈列，还是精心策划的特展临展，讲述的都是共产党人用真理和鲜血书写的光荣故事。

但曾经，中共四大会址的最终确认，可谓一波三折。

1925 年 1 月召开的中共四大，是一次在上海弄堂里举行的秘密“群英会”。在中国革命和中国共产党发展的道路上，四大刻下了重要的历史“坐标”：它通过了 14 项文件，并在中共历史上创造多个第一：第一次提出了无产阶级要掌握民主革命运动的领导权；第一次提出了工农联盟问题；第一次将党的基本组织由“组”改为“支部”……

本次大会还通过了《对于妇女运动之决议案》，该决议阐明了共产党对不同阶层妇女的不同政策，强调妇女运动的主体是工农大众，而不是上层妇女和教会妇女运动。

四大的召开，不仅有力推动了大革命高潮的到来，也推动了中国共产党从一个宣传性的政治小团体转变成为真正的群众性政

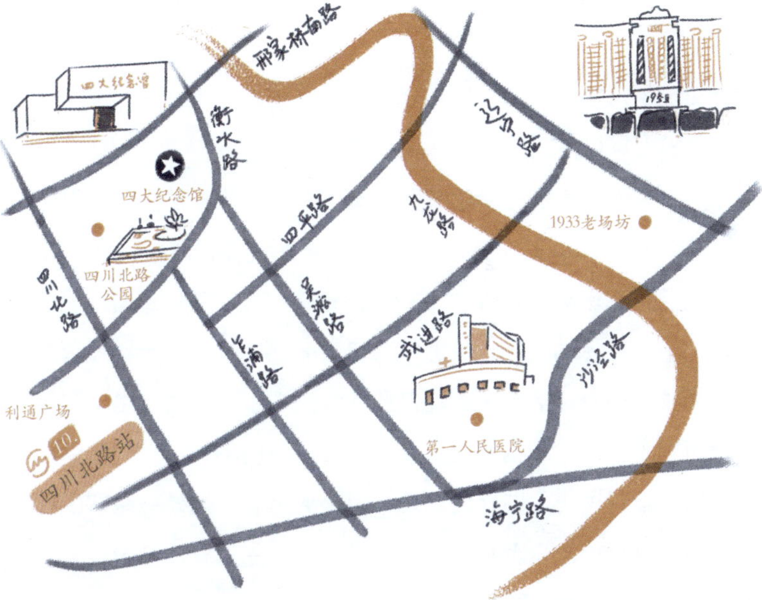

在中国革命和中国共产党发展的道路上，四大刻下了重要的历史“坐标”。

党，实现了从小到大、由弱到强的重要跨越，也为中国共产党今天发展成为9000多万党员的大党奠定了基础。

但四大会址的原建筑在1932年爆发的第一次淞沪抗战中毁于日军的炮火。中共四大的召开地曾经是一个无法解开的谜。

让寻找工作出现转机的是一个很重要的人——郑超麟，他曾经担任中央宣传部工作人员、中共四大书记员。1984年，郑超麟拄着拐杖，循着记忆，走到虹口淞沪铁路近东宝兴路。尽管记忆中坐西朝东的砖木结构假三层石库门民居早已不在，尽管铁路两旁已成为新居民小区的在建工地，但是凭借着不远处一座红砖红瓦的印度锡克教堂以及近旁的淞沪铁路，老先生就此站定，举起拐杖：“就是这里。”

1987 年 11 月，郑超麟站定之处——虹口区东宝兴路 254 弄 28 支弄 8 号处被确认为中共四大会址遗址，由上海市政府公布为上海市革命纪念地。1995 年，市文管委在遗址处勒石纪念。虹口区文史馆负责人表示，虹口区择址四川北路 1468 号四川北路公园开工建设中共四大纪念馆。2012 年 9 月 7 日，中共四大纪念馆正式开馆。

走进中共四大纪念馆，首先映入眼帘的是一个个熟悉的名字：陈独秀、李大钊、瞿秋白、周恩来、蔡和森……通过那一份份手稿、一件件历史遗物，可以让人清晰地看到当年这些中国共产党人的红色足迹。

地址：

上海市虹口区四川北路 1468 号

公交、地铁线路：

地铁 3 号线、4 号线、10 号线

TIPS

□ 纪念馆所处的四川北路公园是一座开放式绿地，在现代造园设计手法上融入中国传统古典园林的精髓，将生态和艺术完美结合，完善了四川北路的区域绿地系统网络。

陈望道旧居

在复旦人的心目中，“国福路51号”是一个熟悉又亲切的地址。这里曾是复旦大学老校长陈望道的住所，记录了1956年至1977年间，陈老在复旦的生活行迹与工作点滴。

2018年，这幢掩映在绿荫中的洋房经过修缮，以《共产党宣言》展示馆的新身份进入试运营，回到复旦师生和公众的视野中：一层展览以“宣言中译·信仰之源”为主题，展示《共产党宣言》的诞生、中译和影响，彰显上海红色起源地的精神与传承；二、三层介绍《共产党宣言》全文首译者陈望道的生平事迹，勾勒作为社会活动家、教育家、思想家、学者的陈望道的光辉人生。

序厅里，陈望道1920年翻译的《共产党宣言》中文首译本浮雕静静陈列着，让人不由得想起了那个“粽子的故事”：

1920年春，陈望道在老家的柴房里苦译《共产党宣言》，为了抓紧时间，他的一日三餐都由老母亲递送过来。一次，母亲见陈望道累瘦了，特意裹了糯米粽子并加一碟红糖端进来，反复叮嘱趁热吃。隔了一会儿，母亲在外面问：“红糖够不够？”他随口回答：“够甜的了。”可当母亲进来收拾碗筷时，竟看到儿子满嘴都是墨汁，碟中的红糖却一点没动——原来他翻译得入迷，蘸着墨汁而不是红糖吃完了粽子。母子俩不禁相对大笑。

大约过了两个月光景，陈望道硬是“费了平常译书五倍的工夫”，把《共产党宣言》全文译了出来。

1936年7月，毛泽东曾对美国记者埃德加·斯诺说：“有三本书特别深地铭刻在我的心中，建立起我对马克思主义的信仰，这三本书是：《共产党宣言》陈望道译，这是用中文出版的第一本马克思主义的书……”周恩来也对陈望道说过：“我们都是你教育出来的。”习近平总书记更是多次提及这个“蘸着墨汁吃粽子”

的故事，将它称为“真理的味道”。

沿着褐红色的楼梯向上，小楼的二、三层，原是陈望道的生活起居之所。最初，学校本想将整幢楼让给陈老住，高风亮节的他却执意谦让，觉得300多平方米、十来个房间，自己三口之家实在不愿占据那么大的空间。后来学校答应将校内的语法、逻辑、修辞研究室迁至国福路51号底层，他才终于愿意迁入。

地址：

上海市杨浦区国福路51号

公交、地铁线路：

地铁10号线；公交960路、60路等

TIPS

□《共产党宣言》中译本正式出版时，“陈望道”这个名字也正式起用。他将本名“参一”改为“望道”，表明他信仰共产主义、热切瞻望中国出现新的革命道路。

□ 二层的书房复原厅里端坐着陈望道蜡像，他仍然笔耕不辍，亦如生前常有的状态。几张书桌上，还堆放着普通话推广方案、《辞海》定审稿。

□ 复旦的两枚001号校徽也在展陈之中。

中共中央上海局机关旧址

穿过市水务局的门房，绕道院角，就来到了江苏路389弄里面的一座灰色小楼。1945年9月，这儿还叫“永乐邨21号”，并且，迎接了一对特殊的夫妇。

他们的真实身份，是共产党员方行和王辛南，按照上级指示，以私人名义顶下这栋房子，作为活动地点。当时，方行的对外身份是关勒铭金笔厂的股东，夫人王辛南和党外人士林俊卿合开中华医药化验所，作为掩护。

1947年，方行一家搬到永乐邨二层，张执一、王曦夫妇一家住在三层，从那时起，这里就成了党中央派驻上海、管辖大半个国统区地下党组织工作的领导机关——中共中央上海局，主要成员有刘晓、刘长胜、钱瑛、刘少文等。根据中央指示，上海局采取少开全体会议、多做政策指导、委员分工负责、平行组织、单线领导、党员转地不转关系等组织原则和工作方法，严格执行隐蔽精干的方针，在国民党白色恐怖之下确保领导机关的机密性和对下属领导的持续性，在国统区开辟了人民革命的“第二战线”，有力地配合了解放军的正面战场。

小楼的屋前，有个独立小院，后门可直通外界，便于紧急疏散。楼顶本有绳梯，做逃生之用，可惜年代久远，今已不见——隔壁就住着国民党要员，上海局在此工作，是大隐隐于“敌侧”，也是在刀尖上行走。彼时，三层亦为领导成员开会、研究工作的地方。开会时，桌上摆放着麻将或扑克牌，且方行、王辛南在楼下守卫，上好“双保险”。这一波《潜伏》式的，却又比虚拟谍战戏更精彩的操作，直让人目瞪口呆。即便是与方行、王辛南密切相处多年的用人，都对他们的真实身份一无所知；解放后，看到原来的“先生”“太太”穿上解放军军装，无不大吃一惊，又若有所悟。

暴风骤雨中，红色秘密基地坚如磐石，心中永不熄灭的信念之光，呼应了解放的曙光，胜利，终在眼前。

院子里的枇杷树，“今已亭亭如盖矣”。悄立小楼，推门而入，迎面便是巨大的红色展板，一层客堂，原系方行、张执一两家老人和孩子的活动处及餐厅，现被布置成“中共中央上海局机关史料史迹展”，曾经被尘封的“不可说”，就此一点一滴展露了原貌。誓言无声，先烈有情，珍贵的实物，正是风云岁月的见证：那台早期的收发报机，归属上海局电台报务员秦鸿钧；解放战争时期对敌策反工作的相关内容，如策反委员会委员田云樵的照片，展览皆如实呈现……

登上二楼，左边的两间房间，陈列着方行夫妇的旧物，位置恍然如昨。马蹄形的老收音机、页卷泛黄的插片相册、停摆的座钟、褪色的樟木箱……一切，似乎是静默的、淡然的、遥远的；一切，却又是鲜活的、浓烈的、栩栩如生的。这屋子的男主人和女主人，用他们在隐蔽战线上的革命行动，告诉几十年后的访客们：暴风骤雨中，红色秘密基地坚如磐石，心中永不熄灭的信念之光，呼应了解放的曙光，胜利，终在眼前。

地址：
上海市长宁区江苏路 389 弄 21 号

公交、地铁线路：
地铁 2 号线；公交 330 路、44 路等

TIPS

□ 2011 年起，每年 5 月的“长宁文博宣传月”，中共上海局机关旧址都会向市民免费开放。

□每周都有各地群众慕名到此重温入党誓词，了解这座红色地标背后的故事。上海解放 70 周年时，一楼将进行相关陈列展。

团中央机关旧址纪念馆

在繁华的淮海中路上，有一条外表修葺整洁的老弄堂。与毗邻的商场截然不同，这条弄堂是喧闹大街上少有的宁静之处。可说它宁静也许并不恰当，因为当你身处其中，并了解它的历史时，你就能体会到何为真正的热血沸腾。

这里就是淮海中路 567 弄，社会主义青年团中央机关旧址纪念馆所在之处。幸好无意中看到路边竖着的指示牌才有缘走进这条安静的小巷，来到这个“养在深闺人未识”的纪念馆。

团中央机关旧址纪念馆开放的时间并不长，2004 年 4 月 26 日才免费向公众开放，至今不过 15 年的时间。但它和一大会址一样，1961 年就被国务院命名为第一批全国重点文物保护单位，可见这个场馆的重要性。

这里原来是霞飞路（新渔阳里）6 号，由于弄堂口保留着“渔阳里”的门头，因此知名度比老渔阳里（南昌路 100 弄）大得多。1920 年 8 月 22 日，中国第一个社会主义青年团“上海社会主义青年团”在此成立，作为第一个团的早期组织，它对各地社会主义青年团的建立起到了发动和指导的核心作用。当时团的发起者有俞秀松、施存统、陈望道、李汉俊、叶天底、沈玄庐、袁振英、金家凤八人。

同年 9 月，创办外国语学社为掩护，门口悬挂白底黑字“外国语学社”牌。在“外国语学社”的招牌下，一批年轻人在此秘密学习马克思主义。其中便有我国第一代领导集体的重要成员任弼时。他和妻子陈琮英虽是指腹为婚，但却相伴一生。当年，任弼时带着妻子织的两双棉纱袜子来到上海，参加外国语学社俄语学习班，并加入了社会主义青年团。在老家的陈琮英默默地等待着和丈夫相聚，这一等就是六年。直到 1926 年，这对有情人才在上海团聚。

和一大会址一样，1961年就被国务院命名为第一批全国重点文物保护单位，可见这个场馆的重要性。

1922年5月，中国社会主义青年团成立，于此设立团中央机关。

在“五四”运动100周年到来之际，经过10个月的重装改造，“渔阳里”团中央机关旧址纪念馆于2019年4月30日重新开放。馆内新增实物展品40余件，每一件展品背后都有一个世纪前，年轻人追求真理的事迹。

24本施存统翻译的书籍原件，来自哈佛大学一名法学在读博士的收藏。当年，施存统写下了《非孝》一文，他说：“我要救社会，我要救社会上和我母亲一样的人！”走上革命之路的施存统在渔阳里开始大量阅读有关马克思主义的书籍，渐渐转变为共产主义者。1922年5月，施存统在中国社会主义青年团第一次全国代表大会上当选团中央书记。捐赠者希望将藏品和更多人分享，也希望年轻人能走进渔阳里，从前辈的故事中，思考自己人生道路的选择。

在互动体验区内，纪念馆向人们展示了“五四”运动以来的30多位青年英模人物和群体的感人事迹。其中不乏人们耳熟能详的女性代表，如刘胡兰、中国女排、张海迪等。

位于纪念馆东侧新建成的渔阳里纪念广场，是广大青少年开展团日活动、重温革命历史、接受仪式教育的重要场所。

地址：

上海市黄浦区淮海中路 567 弄 1-6 号

公交、地铁线路：

地铁 1 号线；公交 920 路、911 路、926 路等

TIPS

□石库门是 20 世纪 20 年代上海流行的弄堂建筑，可以说是上海最有代表性的民居建筑。

□淮海中路 624 号，有一家上海香港三联书店，又称“沪港三联书店”。自成立以来，它就成为上海滩书业界注目的焦点，被称为上海书界的一颗明星。

□长春食品店始建于 1952 年 7 月，是淮海路上最早开设的国营食品商店。商店主要经营各种高、中档食品，是深受大家喜爱的老字号食品店。

“五卅惨案”纪念地（南京路步行街）

和淮海路一样，南京路是上海最繁华的街区之一，素有“中华商业第一街”之誉，东起外滩，西至静安寺与延安西路交会，全长 5.5 公里。两侧商厦鳞次栉比，西藏路以东称南京东路（原称花园弄，1865 年改名为南京路），以西称南京西路（从前称静安寺路）。

20世纪二三十年代，南京路是闻名海内外的“十里洋场”。那时，南京路周围就已经汇集了大量的剧场、影院、跑马场、宾馆、饭店、金融机构，显现现代商圈的雏形。

同时，南京路又是一条富有革命传统的马路。1925年5月30日，南京路上英国巡捕野蛮射杀中国示威学生及群众，当场打死13人，重伤数十人，逮捕150余人，造成震惊中外的“五卅惨案”。

一向依靠洋枪洋炮对华耀武扬威惯了的外国侵略者显然低估了中国人民的爱国热情和反帝力量，以为仅仅炫耀一下武力，就可毫不费力地镇压中国人民的反帝斗争。他们大错特错了。惨案发生后，上海市民立即掀起了轰轰烈烈的罢工、罢课、罢市的“三

罢”斗争，反帝爱国运动的烈焰迅速从上海推向全国，成为全国大革命高潮的起点。

其中，不得不提到一个人，她就是向警予。作为中国共产党唯一的女性创始人及中国最早的无产阶级妇女运动领导人之一，她为党中央妇女部起草了《妇女运动决议案》等许多重要的指导性文件，发表了《中国最近妇女运动》《中国妇女宣传运动之新纪元》《妇女运动的基础》等大量论述妇女解放运动的文章，培养了大批妇女工作干部，在妇女解放运动史上做出了不可磨灭的贡献。

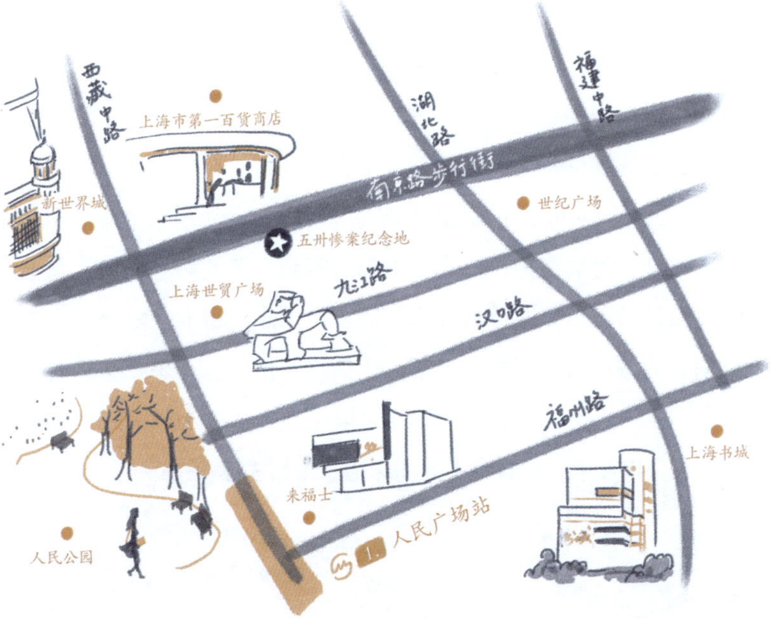

1925 年 5 月，向警予任中共中央妇女部主任，并当选为中共第四届中央局委员。“五卅惨案”发生后，向警予领导上海妇女界参加了这场反帝爱国斗争。她那学识渊博、言辞犀利、鼓舞人心的演讲，给人留下了深刻的印象。

如今，南京路步行街成了中外游客到上海的必游之地，是上海客流量最大、总业绩最高的商圈。整条步行街上，随处可见富有创意的城市雕塑，街中央还有大量椅子供游客小坐，文艺时尚气息十足。当然，走累了，你还可以坐上类似缩小版旧式电车的铛铛车穿梭往来，很有老上海的味道，不妨去体验一下。

作为中国共产党唯一的女性创始人，向警予在妇女解放运动史上做出了不可磨灭的贡献。

地址：
上海市黄浦区南京东路 766 号

公交、地铁线路：
地铁 1 号线、2 号线；公交 8 路等

TIPS

走在南京路步行街上，可别只顾购物，千万别忘了仔细看看市百一店（原“大新公司”）、永安百货（原“永安公司”）、上海时装公司（原“先施公司”）和第一食品商店（原“新新公司”）这“四大公司”，无不把南京路的过去与今天不断叠映在眼前，传统与现代的交织为这条百年老街增添了别样的魅力。

商务印书馆旧址

第一家现代出版企业，第一个采用珂罗版印刷，出版第一部由中国学者自己编纂的双语辞典《英华大辞典》，出版中国第一部专科辞典《植物学大辞典》，第一个采用电镀铜版印刷，第一个使用自动铸字机，第一个采用胶版彩色印刷，成立中国第一个中资电影机构——活动影戏部，生产制造中国第一部汉字打字机，建成当时号称东亚第一的东方图书馆……

没有谷歌和百度的年代，我们最强大的“搜索引擎”，是几乎每家一册的《新华字典》——近半个多世纪来，这本全世界最畅销的书，和上述那无数个“第一”，均源自同一处地方——商务印书馆。

2017 年 6 月 8 日，商务印书馆第五印刷所旧址揭牌仪式在天通庵路 190 号举行，这是走过 120 年风雨的商务印书馆，在上海保留的唯一旧址。1897 年 2 月 11 日，商务印书馆在沪成立，中国现代出版也从这里起步。它既是中国近现代文化史的传奇——鲁迅、巴金、老舍、冰心、丁玲等文坛巨擘，当初都在商务印书馆创办的期刊上发表了习作；张元济、蔡元培、高梦旦、王云五等业界巨子，都曾赫然入列商务印书馆的工作人员名单。商务印书馆也是红色记忆的传奇——中共创建时期，商务印书馆出版的马克思主义书籍即有 20 种，陈独秀不仅给商务印书馆撰稿，还担任馆外名誉编辑。沈雁冰（茅盾）更成了商务印书馆第一个中共党员。陈云同志在商务印书馆工作、生活了七八年，这里是他走向革命的起点……

上海工人第三次武装起义时，商务印书馆女工组织救护队，和男工一起投入战斗。其中，救护队队长陆定华的名字尤其值得令人铭记。她两次逃婚，最终还是被迫嫁给了谢姓商人，因不堪忍受封建婆家的压迫，于宣统二年（1910）悄然出走，到工厂学织布，又至医院学当护士，后被丈夫发现了，追逼回家。生子后，她不甘困于婆家，携儿赴沪，靠摆米摊度日。1924 年，陆定华进商务印书馆装订车间工作。次年，在中共秘密党员的启发教育下，积商务印书馆的斗士们，与其余工人阶级、市民百姓，以鲜血和生命鉴证了可歌可泣的红色精神。

极参加该馆第一、二次大罢工，任工人代表，与资方谈判取得胜利。“五卅”运动中卧轨挡车，迫使英商一路有轨电车停驶，保证了罢工、罢课、罢市的全面实现。1925 年秋，陆定华加入中国共产党，任商务印书馆第一、二届工会执行委员兼女工部宣传主任等职。

此外，“商务七烈士”之一陈安芳的事迹，同样可歌可泣。

上海工人第三次武装起义爆发，那时她的女儿才六个月大，姐妹们都劝她留在商务总厂的病房里做伤员抢救工作，她却坚持和其他救护队员一起上前线，最终敌人罪恶的枪弹，夺去了这位英雄母亲的生命。

这次起义，有300余名工人和群众牺牲，1000余人负伤。商务印书馆的斗士们，与其余工人阶级、市民百姓，以鲜血和生命鉴证了可歌可泣的红色精神。

地址：

上海市静安区天通庵路190号

公交、地铁线路：

公交963路、502路、65路、78路、823路、66路、18路等

TIPS

□商务印书馆女工在上海工人第三次武装起义时表现英勇。上海工人第三次武装起义工人纠察队沪南总部，设在中山南路1551号三山会馆古建筑里。1989年9月对外免费开放，2005年被命名为上海市红色旅游基地，2009年被命名为上海市爱国主义教育基地。

□三山会馆每年在老馆和新馆内举办各类常设展览、临时展览、讲座、戏曲表演、中华民俗代代传等活动，旨在传播和传承中华传统优秀历史文化，成为社会各界人士和广大青少年学习的公共文化场所。

龙华烈士陵园

1950 年龙华地区挖掘出“龙华二十四烈士遗骸”后，老一辈革命家就萌发了在此建立龙华烈士陵园以告慰先烈的心愿。

“龙华二十四烈士”是指在 1931 年 2 月 7 日于上海淞沪警备司令部龙华看守所外遭到秘密枪杀的 24 人，这些人的身份包括共产党党员、共青团团员及左翼作家联盟成员。他们均是在 1 月 17 日至 21 日由于叛徒告密或资料泄露，于数个旅社房间或住所内被上海公共租界巡捕房巡捕和南京国民政府便衣特务逮捕的，被捕

时部分成员正在讨论或准备讨论中共六届四中全会的相关决议。

由于当事人的回忆以及 20 世纪 30 年代的相关报道存在出入，使得 24 名烈士的名单当中仍然存在未被确认的部分，龙华烈士陵园的合葬墓墓碑上仅列明了 22 人的名字，但可以确定其中有 3 人为女性。

柔石的恋人冯铿是“左联五烈士”之一，原名冯岭梅。她 1907 年出生于贫穷的教师家庭，1926 年毕业于汕头左联中学，在乡间小学任教。1929 年春到上海，同年 5 月加入中国共产党，走上职业革命者的道路。1930 年加入左联，并于同年 5 月与柔石等代表左联参加全国苏维埃区域代表大会。1931 年年初，冯铿与柔石、

胡也频、李求实、白莽等人同时被捕，2月7日牺牲于龙华狱中，年仅24岁。她慷慨就义时穿的羊毛背心弹痕累累，如今陈列在龙华烈士陵园中心的龙华烈士纪念馆内。

另外两位女性都和丈夫一起被抓——

恽雨棠的妻子李文1927年参加共青团，1930年在上海市政总工会做机要工作。迈向刑场的那晚，恽雨棠拖着沉重的脚镣，迈开坚定的步伐。妻子李文抚着腹中胎儿，紧紧依偎丈夫，手挽手向着夜色中的龙华塔前行，从容就义，年仅21岁。

蔡博真的妻子伍仲文1925年入党，1926年赴苏联学习，1928年回国后在上海负责指导学生运动，28岁时遇害。据目击者称，伍仲文是最后一个倒下的，身上被打了13枪，倒下前还在呼喊“中国共产党万岁”！

值得注意的是，龙华烈士陵园的建设经历了一个较长的历史时期。虽然1957年上海市委、市人民委员会就向全国征集设计方案，但由于种种原因直到1983年才由邓小平批示同意。1987年，当时任上海市委书记的江泽民，将筹建龙华烈士陵园的工作列入议事日程。1988年1月，国务院批准“龙华革命烈士纪念地”为全国重点文物保护单位。

龙华烈士陵园建设工程于1994年5月27日开工，1995年7月1日对社会开放，其纪念馆于1997年5月28日开馆。如今的龙华烈士陵园，是上海标志性纪念建筑。人们在瞻仰缅怀英烈的同时，也能感受文化和艺术的氛围。

地址：

上海市徐汇区龙华西路180号

公交、地铁线路：

地铁11号线、12号线；公交44路

TIPS

□龙华寺：龙华烈士陵园附近就是上海历史最悠久、规模最大、建筑最雄伟的佛教寺院龙华寺，距今有1000多年历史。现以古寺、古塔、龙华庙会、龙华晚钟构成宗教旅游胜地。值得注意的是，寺内的龙华塔是一座斜塔，倾斜104厘米。

上海电影博物馆

上海，曾经是中国电影的半壁江山。占据着如此重要的地位，却一直没有一个特别的纪念方式，始终令人介怀。直到 2013 年，上海才终于有了自己的影迷朝圣之地——位于漕溪北路上的“上海电影博物馆”，虽然姗姗来迟，却一鸣惊人。

漕溪北路 595 号，这里原本是上海电影制片厂的摄影棚所在地。熟悉上海电影的观众一定记得，上影厂的片头，是一个工农兵三人昂首远望的场景。而今，同样的雕塑就屹立在博物馆门口，抚今追昔。

艺术总监、德国设计师 Tilman Th ü rmer 为电影博物馆设计了独特的观赏路线——参观者从底楼大厅直接搭乘电梯上楼，然后从顶层一路往下游览，与其他博物馆的设计殊不相同。

这样的设计，让参观者不再只是参观者，而是博物馆乃至老上海电影身临其境的体验者。在电影博物馆，没有枯燥乏味的展陈，走过星光大道，第一幕就是重返旧上海——

在博物馆顶楼，有一个“水银灯下的南京路”，飞达咖啡馆

鳞次栉比的拷贝铁盘、即将退出历史舞台的胶片冲印流水线，静默无声地诉说着上海电影工业的长河。

仿佛还飘散着咖啡的香气，沪江照相馆、新新百货公司橱窗就在马路两旁。狭小的弄堂里，赵丹和周璇隔窗相望，仿佛下一刻就要对唱那段名曲《天涯歌女》……再往里走，还有中国电影的发源地：上海徐园“又一村”，1896 年 8 月 11 日，这里见证了中国第一部电影的放映……当你回到底楼大厅，还会见到电影《红色娘子军》的女主角扮演者祝希娟的肖像画，和秦怡、张瑞芳等著名女演员一起，构成了上海电影的独特记忆。

一座座炭精灯、一台台外貌各异的摄影机、鳞次栉比的拷贝铁盘、即将退出历史舞台的胶片冲印流水线，静默无声地诉说着上海电影工业的长河。商务印书馆、明星、联华……十大影业公司，电影剧本、道具暖炉、奖杯奖座，一桩桩一件件。一度束之高阁的 20 多万件古董，都将轮番登场进行展示。

曾经的摄影棚，成了抚今追昔的最佳场所——在 2014 年上海国际电影节上，这里重映了 1931 年联华影业公司出品的，由朱石麟编剧、卜万苍导演、阮玲玉主演的重量级默片《恋爱与义务》，83 年间，这部黑白默片的电影胶片究竟经历了怎样的辗转，无从得知。唯一可知的是，它已经被认为遗失很久，直到 20 世纪 90 年代，由一位乌拉圭华侨将自己收藏的拷贝捐赠给了中国台湾电影资料馆，才得以重见天日。中国台湾电影资料馆馆长林文淇说：“之所以选择上海国际电影节作为《恋爱与义务》全球首映的合作伙伴，就是希望阮玲玉能重返上海滩。”

地址：
上海市徐汇区漕溪北路 595 号

公交、地铁线路：
地铁 4 号线；公交 926 路、167 路

TIPS

□《恋爱与义务》重返上海滩时，专门请来电影“辩士”马国光为这部默片配上解说旁白（这一独特的职业被称为“辩士”）。著名日本导演黑泽明的哥哥也是一名“辩士”。

□在上海，还曾有过和“辩士”近似的职业，在电影院由年轻女子为进口电影进行同声传译，被称为“译意风小姐”。

上海院士风采馆

上海院士风采馆是全国首家以集中展示两院院士风采为主题的专题性展馆。

上海院士风采馆外观如同一本翻开的书籍，象征着知识的力量、智慧的结晶和人类社会进步的阶梯，由著名艺术家陈逸飞先生设计。全馆展示面积2000平方米，以翔实丰富的展品为载体，融合了多媒体展示方式，划分为序厅、“奋斗与辉煌”“梦想与追求”“使命与荣耀”“开拓与创新”、尾厅，六个部分四大展区，综合展示了沪上200多位两院院士的科技风采和崇高精神，让参观者亲身感受前沿科技的魅力和“科技强国”的要义。

展馆入口处一座高达6.5米的玻璃书橱更是引人注目：里面收藏了2000余册各类书籍，都是院士们的专著、手稿或是发表院士论文的期刊以及他们钻研过的书籍。

沿着这条用书籍“铺就”的“科学大道”走进展馆，院士们孜孜以求、献身科学的精彩人生一一展现在观众眼前。母亲赠予的金钥匙，引导闻玉梅走上艰辛的科研之路；父亲刻在笔筒上的寄语，鼓励李大潜献身科技事业；每天坚持用大白鼠做实验，陈中伟向断肢再植领域发起冲击……在鲜花和掌声背后，院士们付出了常人难以想象的心血和汗水。

展馆里，琳琅满目的科学仪器和实验器具让观众觉得新奇神圣。走进“拜访院士”展区，站到与真人等高的神奇玻璃前，院士们的影像即刻出现在人们面前，并用通俗易懂的话语各自介绍他们的学术思想和人生感悟……

值得一提的是，上海的女院士也不少，她们都在各自领域成绩斐然。

如寻找“基因钥匙”的女科学家张永莲，2001年当选为中国科学院院士。她每天工作十几个小时，经常为一个实验半夜起来重新工作。“努力”是张永莲经常提到的

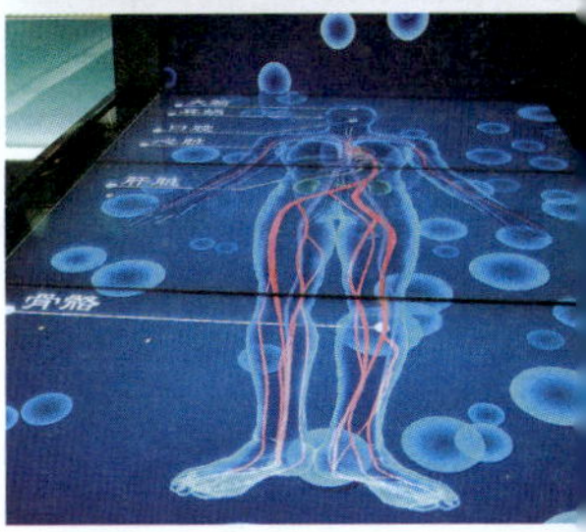

全馆展示面积2000平方米，以翔实丰富的展品为载体，融合了多媒体展示方式。

一个词。45 岁，擅长俄文的张永莲第一次开口学英语，常常练习到凌晨 4 时。60 岁，她又跳出自己熟悉的领域，在国际科学前沿领域攻克新的难题。6 年后，她的课题组取得突破，使双功能男性避孕药填补了国内空白。

再比如，矢志不移的昆虫学家尹文英，1991 年当选为中科院院士。尹文英在研究过程中，提出“原尾虫是不是昆虫”的问题，与国际昆虫学会终身荣誉主席、丹麦的著名昆虫学家屠格森(S.L.Tuxen) 的理论产生了严重分歧。屠格森曾用 17 个问题来挑战尹文英的研究，但她依旧执着于自己的理论，坚持进行科学论证。通过 10 年的努力，得出了“原尾虫不是昆虫”这一惊世骇俗的结论，并建立了新的分类体系，撼动了被视为经典的屠格森分类体系。

地址：

上海市杨浦区国顺东路 369 号

公交、地铁线路：

地铁 8 号线；公交 28 路、80 路、133 路、147 路、522 路等

TIPS

□黄兴公园：上海院士风采馆边上的黄兴公园，以辛亥革命重要领袖、中华民国开国元勋、陆军上将黄兴的名字命名；东起营口路，西至双阳北路，南临走马塘，北靠国顺东路，占地 62.4 万平方米，为杨浦居民增添了一片绿色天地，成为游览和休闲的胜地。

国歌纪念广场

每年，全国各地都有无数人专程在清晨时分前往天安门广场，为的就是观看一次升旗仪式，听一听雄壮的《义勇军进行曲》。

回荡于天际的这支曲子，最初出现在影片《风云儿女》中作为主题曲。众所周知，它的创作者是田汉和聂耳。但你可能不知道，当年的《风云儿女》摄影棚，原来正是位于上海杨浦区的荆州路405号——如今，一座国歌纪念广场就在这个原址不远处的荆州路151号落成了。

尚未走近广场时，已可远远见到一座独特的主题雕塑——它的造型非常特别，一面经过战火和历史风云洗礼的国旗，还有一把军号，让人看着雕塑仿佛耳边就已响起雄壮的歌声——起来，不愿做奴隶的人们，把我们的血肉，筑成我们新的长城！

待到走近这座圆形的下沉式国歌纪念广场，还会发现更多设计师的匠心——圆形代表着唱片的造型，寓意《义勇军进行曲》在上海诞生，从上海唱响全国。在总面积1500平方米、上下两层的国歌展示馆内，游客除了可以感受一整面巨幅国歌词谱展示墙的震撼，还能见到400多件珍贵文物、文献和历史照片，述说着《义勇军进行曲》从诞生到成为国歌的整个历程。不仅如此，展示馆内还有数字平台“网上写真馆”，只要轻点鼠标，观众就可以看到与国歌相关的各类历史知识，还可以身临其境地走进“虚拟展馆”进行参观。落成10年来，国歌展示馆已经成为展现中国国歌魅力的平台和上海又一处爱国主义教育基地。

这支伟大的曲子背后，还有不少有趣的小插曲。当年《风云儿女》的剧情梗概也是田汉写的，写完不久就被捕入狱，才23岁的青年聂耳听说此事，立即主动请缨，为田汉作的主题曲歌词谱曲——而当他为了躲避反动当局的追捕避走海外之后，还坚持对曲子进行修改，并将改后的定稿寄给了电影出品公司的司徒慧敏。所以，全国第一个听到《义勇军进行曲》的人，就是司徒慧敏的母亲。

其实当时聂耳就经常到进步人士司徒慧敏家串门，每次谱完曲，都要迫不及待地唱给司徒慧敏的母亲听，司徒慧敏的母亲也非常喜欢这位勤奋的乐坛才子。当完成《义勇军进行曲》初稿时，聂耳就已经在司徒慧敏家一遍遍唱“起来”，给司徒慧敏的母亲留下了深刻印象。此后，每当聂耳去他们家时，司徒慧敏的母亲都会说——“起来”来了。

1949 年 10 月 1 日就是开国大典，但直到 9 月 25 日，国歌征集小组仍然对来稿不满意。与此同时，众人都推选《义勇军进行曲》为代国歌——最后，毛主席一锤定音。从此，国歌响彻神州大地。

地址：

上海市杨浦区荆州路 151 号

公交、地铁线路：

地铁 4 号线、12 号线；公交 79 路等

TIPS

□沿着大连路一直往南走，就是新建成的北外滩滨江带，沿途可见老上海杨树浦工业带的历史建筑。

□沿着长阳路一路往西，很快就能来到提篮桥历史文化风貌区，这里至今还保留了许多二战时期上海庇护犹太难民的痕迹。

上海犹太难民纪念馆

“善良，恬美，温柔，总是微笑着，总是拥抱我，就像是一个大姐姐，她还有另一个名字，但是我忘记了，好像是叫‘云葆’？她几乎每天都来，她教我画画的技巧，但最重要的是她开发了我对艺术的爱。你知道吗，真是令人难以置信，我现在是全美国最出名的画家了。”

2012 年，美国著名画家彼得·马克思（Peter Max）来到上海虹口区的犹太难民纪念馆，带着手绘的肖像，想要寻找当年记忆里的“上海大姐姐”。

他的到来，也重新揭开了一段尘封已久的“二战”史。

13732 个有据可查的姓名，这是曾经居住在上海的犹太难民，这些名字被镌刻在纪念馆的墙上，构成了世界上唯一一面以“幸存”而非“死亡”为主题的名单墙。

“二战”期间，为了逃离反犹浪潮和纳粹的疯狂迫害，成千上万的犹太人逃亡上海滩。时任中国驻维也纳总领事的何凤山，向数千犹太人发放了前往上海的签证，使他们免遭纳粹的杀害。因为签发了这些“生命的签证”，他被称为“中国的辛德勒”。

从 1933 年到 1941 年，上海先后接纳了至少 1.8 万名来自德国及德占各国的犹太难民。1943 年 2 月，日本占领当局宣布建立无

国籍难民限定居住区，强行把1937年及其后来沪的犹太难民，迁入虹口提篮桥地区一个不足一平方英里的地方。

东至高阳路，西至杨树浦路，北至东长治路，南到公共租界界碑，“犹太城”就是这么一块弹丸之地。让人印象深刻的却不是战争赋予的苦难，而是数万犹太难民和10万中国居民如何患难与共——逃避大屠杀的犹太难民和爱国的中国居民，大家的日子都不好过，却也在努力留住生活的日常风味。

除了教彼得 · 马克思画画的“大姐姐”，犹太城里还有许多

逃避大屠杀的犹太难民和爱国的中国居民，都在努力留住生活的日常风味。

不知名的上海女孩，她们会给吃不惯上海菜的犹太人端去一碗饭，在饭底放一些肉一起蒸熟；还会邀请难民一起来家里吃年夜饭，共度春节。

身无分文的犹太难民，在抗战期间很难找到正式的工作，只能到处打零工干杂差，送煤球，修电器，烤面包，卖报纸，什么都干。还有的自己开了杂货店、面包店、药店、水管铺、锁匠铺、女帽商铺、裁缝店。1939 年以后，随着战火渐渐远离上海，犹太人开始经商办实业，还在提篮桥附近开设了许多具有中欧风情的咖啡馆、酒吧和餐厅，成为远近闻名的“小维也纳”。

从破落的“收容所”到欧风的“小维也纳”，重视家庭的犹太人也开始在上海组建家庭——和 Oleg 结婚的 Betty，穿上了婆婆开的裁缝店“绿屋女士”缝制的法国缎子婚纱裙，布料里织进了百合图案。1950年离开上海时，她将婚纱放在中国樟木箱子里带走，之后几个女儿结婚也分别穿上了同一件婚纱，以纪念这座1939年让她幸运找到安全避难所的城市。如今，这件婚纱又回到了纪念馆里。

犹太城里甚至还诞生了选美比赛——Inge Bromberger Wendriner，她就是犹太社区第一届选美大赛的冠军。根据当时的一篇报道，选美大赛当天，犹太难民们欢快地聚在一起，暂时忘却了战争带来的痛苦与辛酸。冠军Inge的奖品，是一瓶香槟、一个衣橱和三个求婚者。

至1945年“二战”结束，大多数生活在上海的犹太难民得以幸存，陆续返回故土。

地址：
上海市虹口区长阳路62号

公交、地铁线路：
地铁4号线、12号线；公交37路、155路等

TIPS

□摩西会堂旧址：外廊式建筑风格，门窗上有传统样式的清水砖券，山字形入口具有犹太建筑的特色，大门上方是犹太教的标志“大卫星”。

□白马咖啡馆：1939年由维也纳来沪避难的Rudolf Mosberg夫妇开设，当年深受难民欢迎，如今原样重建在纪念馆对面。

中国共产党代表团驻沪办事处纪念馆（周公馆）

上海的小洋房总是别有一番风味，思南路上就有一栋很特殊的小洋房，这里记录着周恩来同志在上海的点滴，也是上海著名的红色旅游景点。

思南路 73 号，人称“周公馆”，是中国共产党代表团驻沪办事处旧址纪念馆，距离“孙中山故居纪念馆”仅 10 分钟的路程，是上海唯一一处保存完好并对外开放的周恩来纪念地。

1945 年 8 月，抗日战争胜利后，和平与反和平、民主与独裁的矛盾上升为国内主要矛盾，以周恩来为首的中共代表团，与国民党政府和美国政府代表团进行了长达一年之久的谈判斗争。1946 年 5 月，周恩来率领中共代表团在南京建立办事处。同年 6 月，中共代表团又在上海设立办事处。由于国民党当局阻挠，不让设立办事处，所以对外只能用周恩来将军寓所的名义作为掩护，因此这里被称为“周公馆”。

这里是一幢建于 20 世纪 20 年代的西班牙式三层楼房，外墙上镶嵌着光滑的鹅卵石，每到夏天，整幢楼房掩映在爬山虎浓绿的叶丛中。走进展馆，底楼是警卫室，一楼是会客室，二、三楼

1946 年 9 月 4 日，即将赴美参加国际妇女会议的邓颖超在这里举行中外记者招待会。

是办公室和宿舍。

周恩来曾四次来上海，每次都住在这里。当年国民党在周公馆附近布置了大量的特务，工作环境十分险恶。1946 年 7 月至 10 月，周恩来和夫人邓颖超在这里生活战斗了近三个月。周恩来、董必武、邓颖超等同志曾在此召开中外记者招待会，揭露蒋介石假和谈、真内战的阴谋，宣传我党制止内战、主张和平的方针，同时还指导国统区共产党的地下斗争，为我党扩大和巩固革命的统一战线，为中国人民的解放事业做出了重要贡献，在中国革命史上写下了光辉的一页。

其中，1946 年 9 月 4 日，即将赴美参加国际妇女会议的邓颖超在这里举行中外记者招待会，向中外记者介绍了这次国际妇女会议的宗旨、议程，以及向全国妇女同胞征求意见书。此消息在社会上引起了很大的反响，国民党统治区的广大妇女群众纷纷给邓颖超和宋庆龄写信，表达自己对世界妇女问题等的意见，仅邓颖超就收到来信2000多封。

1979年，“周公馆”修复并开放。1981年6月5日，时任全国人大常委会副委员长的邓颖超重返“周公馆”。参观结束后，邓颖超要求纪念馆不要称“周公馆”，要改称为中共代表团驻沪办事处。第二年，邓颖超在接见中央文献研究室同志时，要求他们向有关方面转达自己这个意见。根据邓颖超的意见，上海把“周公馆”更名为中国共产党代表团驻沪办事处纪念馆。

地址：

上海市黄浦区思南路73号

公交、地铁线路：

地铁8号线；公交36路、24路、17路、41路、986路等

TIPS

□思南公馆是上海市中心唯一一个以成片花园洋房的保留保护为宗旨的项目，坐拥51栋历史悠久的花园洋房，同时汇聚了独立式花园洋房、联立式花园洋房、带内院独立式花园洋房、联排式建筑、外廊式建筑、新式里弄、花园里弄、现代公寓等多种建筑样式，是上海近代居住类建筑的集中地。

中国左翼作家联盟成立大会会址纪念馆

四川北路北段，一条几百米长的多伦路静静延展出去。两条路的交会处，耸立着一座具有上海石库门建筑风格的“牌楼”。这条幽静曲折的小街道，曾经见证了中国近现代文学史上的许多重要时刻，被很多人称为“现代文学重镇”。

左联从成立到解散，短短六年，1930—1933年是创作繁盛期，留下了众多优秀的文学作品。

20世纪二三十年代，小小的多伦路上一度“群星璀璨”，鲁迅、瞿秋白、丁玲、茅盾、郭沫若、叶圣陶等30多位左翼文化人聚居于此，不时进行频繁的文学交流。

1930年3月2日，中国左翼作家联盟成立大会于多伦路201弄2号召开，不起眼的小楼，就此见证中国近现代文学史群星璀璨的高光时刻。

左联成立之时，正值第一次国内革命战争失败，国民党反动派一方面对革命根据地进行军事围剿，另一方面对国统区实行文化“围剿”。当时的形势迫切要求上海的左翼作家们团结起来，共同与国民党反动派做斗争。在中国共产党组织的努力下，左联顺利举行了成立大会。

走进左翼作家联盟会址纪念馆，一楼展厅再现了当年左联成立时的场景。在这间普通的教室里，一个讲台，一块黑板，几条长凳，当时的进步文艺作家团体，就在此开启了一场影响深远的革命文艺运动。当时与会的50多位作家，大家济济一堂，有的不得不站着，连门外也站着人。鲁迅在成立大会上作了题为《对于左翼作家联盟的意见》的讲话，第一次提出了文艺要为“工农大众”服务的方向，指出左翼文艺家一定要和实际的社会斗争接触。左联继承了“五四”新文学传统，以马克思主义文艺理论作为实践，鲁迅、瞿秋白、冯雪峰等人都为此做了不少翻译、宣传工作，左联作家群始终高举“文艺大众化”的旗帜，提倡无产阶级文艺的通俗化，竭力来做浅显易解的作品。

左联从成立到解散，短短六年，1930—1933年是创作繁盛期，留下了众多优秀的文学作品，先后创办《萌芽月刊》《拓荒者》《前哨》《北斗》等机关刊物，在党组织的安排下，女作家丁玲担任《北斗》的主编，现在纪念馆中还珍藏着一本盖着丁玲印章的《北斗》创刊号，丁玲曾经听过的百代唱片、用过的咖啡壶也都陈列在内。

在“左联五烈士”遇害后，鲁迅感到无比悲愤，写下《中国无产阶级革命文学和前驱的血》《为了忘却的记念》等著名文章，“大众存在一日，壮大一日，无产阶级革命文学也就滋长一日”，他预言“将来总有会记起他们，再现他们的时候的……”深情地称颂烈士们的革命精神和文学成就。

左联就是在这样的腥风血雨中成长起来的。左翼作家联盟六年坚守的无产阶级革命文学运动，此后也在中国现代文学传统中一直发展延续……

地址：
上海市虹口区多伦路 201 弄 2 号

公交、地铁线路：
地铁 3 号线；公交 18 路、21 路等

TIPS

□鲁迅当时的寓所离后来的左联成立会址仅百米开外，每到下午，这位蓄着胡须、喜欢夹着一根烟的文学大师，总喜欢走进街道转角处的公啡咖啡馆（原多伦路 8 号）。

□罕见的、具有中国古典宫殿外形的教堂——鸿德堂，其底楼 500 余平方米已被辟为苏州刺绣展览馆“苏韵阁”，一派江南秀气。

毛泽东旧居

上海是光荣之城，留下共产党人英勇奋斗的无数红色印记。毛泽东和上海的关系极为密切，他曾先后数十次到访上海，1927年之前就曾有过10次，因此在上海不少地方都保留有毛泽东的旧居。

位于茂名北路120弄的甲秀里便是毛泽东第9次来上海时的住所。一进弄堂门，映入眼帘的是一座毛泽东与杨开慧以及年幼的岸英、岸青一家四口的雕像，雕像四周摆满居民自发献上的花束。弄内青砖铺垫地面，毛泽东诗词碑刻镶嵌在青砖墙上。

这里的石库门建筑大约建于1915年之前，距今已逾百年，内有5号、7号、9号三个门牌号，总建筑面积589平方米。当初，毛泽东居住的是其中的7号，他从1924年2月一直住到当年年底。

根据相关史料，1924年2月中旬，毛泽东再次到上海，继续担

这幢小小的二层楼里不仅住着毛泽东一家，还有蔡和森、向警予夫妇和孩子以及罗章龙一家。

任中共中央局秘书兼组织部长，同时担任国民党上海执行部执行委员、组织部秘书、文书科主任等职。这次，他居住在威海卫路云兰坊 7 号（即茂名北路 120 弄 7 号）。端午节前后，杨开慧和母亲带着两岁的岸英和刚出生不久的岸青，也来到了上海。

当时，一楼前厢房是毛泽东与杨开慧的卧室兼书房，后厢房是杨开慧母亲的房间，客堂则是一家人吃饭和会客的地方。

因此，这处旧居是毛泽东在上海住得时间最长的一幢房子，也是最富家庭生活气息的一处寓所。在将近一年的时间里，毛泽东每日忙于国共两党的诸多事务，杨开慧除料理家务、帮毛泽东整理文稿外，还去工人夜校讲课，从事工运和妇女工作。但夫妻俩和孩子们几乎朝夕相处，这在毛泽东往后几年的经历中再也难有了。

这幢小小的二层楼里不仅住着毛泽东一家，还有蔡和森、向警予夫妇和孩子以及罗章龙一家。蔡和森、向警予两人终身为革命事业而奋斗，直到流尽最后一滴血。诗人柳亚子写下悼念诗：“革命夫妻有几人，当时蔡向各成仁。和森流血警予死，浩气巍然并世尊。”

1939 年在延安纪念三八妇女节大会上，毛泽东在讲话中，高度评价了向警予的一生。他说：“要学习大革命时代牺牲了的模范妇女领袖、女共产党员向警予。她为妇女解放、为劳动大众解放、为共产主义事业奋斗了一生。”

作为文物保护单位与毛泽东旧居，甲秀里在新中国成立后被保护起来，并进行过几次修缮。1977 年 12 月甲秀里被公布为上海市文物保护单位；2015 年，毛泽东旧居陈列馆开始了近两年的闭馆修缮。2017 年，毛泽东旧居重新向公众开放。

地址：
上海市静安区茂名北路 120 弄

公交、地铁线路：
地铁 12 号线、13 号线

TIPS
□由于甲秀里为历史保护建筑，承载有限，每批进入观众限制在 20 人之内。馆方提醒观众参观前可能需要排队等待，建议尽量错峰参观。

宋庆龄故居

张婉婷执导的《宋家皇朝》，背景是大时代，偏偏通篇有小儿女情绪挥之不去。伴随着喜多郎如怨如慕的配乐，孙逸仙临终前毕竟难舍爱妻，却也仅是言道：“我没有多少东西可以留给你，只有几本书，和他们送给我们的这座房子。”宋庆龄含泪说：“还有书页里你的血，和房子里你留的回忆。”“对，一座里面有我们的回忆、外面有我们的梦想的房子，送给你。” “这样已经足够多了。”

革命的过往，红色的印记，就藏在房子里，藏在人心里。1918年，孙中山和宋庆龄入住香山路7号，7年后，他永远离开了她。又过了12年，她迁至淮海中路1843号，工作、生活达15年之久——这幢红瓦白墙、景致宜人的小洋房，遂成了宋庆龄一生中居住时间最长的地方，也是她从事国务活动的重要场所，留下大量文物与许多珍贵的历史瞬间。1949 年，宋庆龄便是在此地欣然接受中国共产党的邀请，北上参加第一届中国人民政治协商会议和开国大典，并当选为中央人民政府副主席，参与制定国家各项大政方针。

她经常在淮海中路 1843 号举行各种国务活动，会晤和宴请各国贵宾，促进中外交往；她所创建的新中国妇幼文化福利事业和对外宣传刊物，也是在这里酝酿、筹划的。毛泽东、刘少奇、周恩来、朱德、陈毅、邓小平等党和国家领导人，都曾拜访过故居，与宋庆龄恳切交谈。1981 年 10 月，故居被列为上海市重点文物保

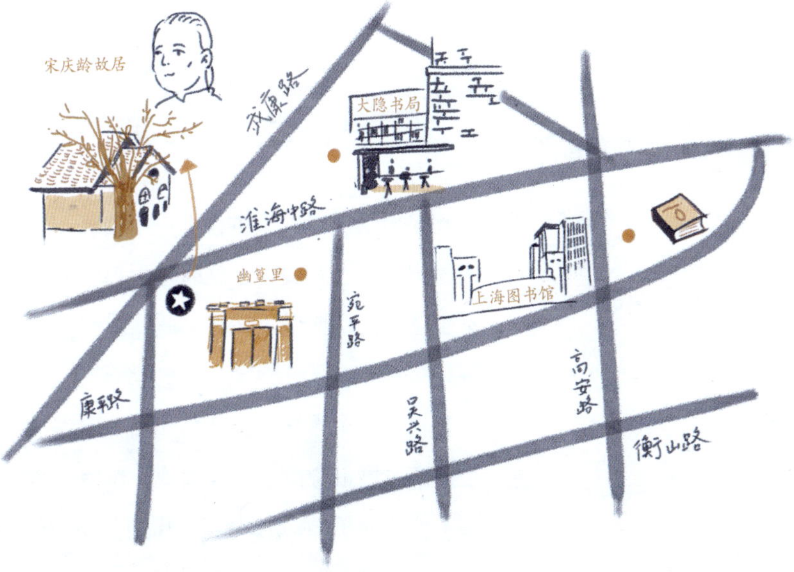

这幢红瓦白墙、景致宜人的小洋房，遂成了宋庆龄一生中居住时间最长的地方。

护单位。2001年经国务院批准，被列为全国重点文物保护单位，并且是上海市爱国主义教育基地。

中国福利会的年会，常常在此举行，洋溢着一派浓郁的合家欢气氛，全因女主人和蔼可亲。老同志讲，有一年聚餐，宋庆龄搛了一个鸡腿，走到时任中福会办公室主任吴之恒面前，请他多吃些：“希望啊，你明年跑得快一点。”众人会心大笑。原来，吴是个慢性子，冲劲和闯劲略嫌不足，宋主席借敬菜之机含蓄地点拨他，照顾了他的面子，在欢声笑语中提出了希望。

多年后，吴之恒念及温馨小插曲，仍念念不忘。这个故事，渐渐演变成一个中国福利会的典故，广为流传。

环绕在淮海中路1843号院子四周的百年香樟，郁郁葱葱，枝叶婆娑，散发着沁人的清香。在宋庆龄写给友人的信中，曾多次提到并赞美寓所的樟树。事实上，她本人的品格，与之并无二致：坚硬防蛀，朴素无华，毫不张扬，四季常青。这位不同凡响的女性的魅力，随着年岁的增长，不降反升。“她们是我查理宋的女儿，是新中国的新女性，是将来要做大事的新女性！”《宋家皇朝》的这句台词，说的是三姐妹；不过，或许唯有宋庆龄，因个人际遇之故，将此掷地有声的预言，执行得最彻底。

地址：
上海市徐汇区淮海中路1843号

公交、地铁线路：
地铁10号线；公交911路、26路、920路、926路等

TIPS

□故居每逢整点有志愿者讲解服务，具体讲解时间会贴在门口的公告栏上。景区门口有购物点——游客中心，主要出售围绕孙中山“博爱”理念制作的纪念品。

□沪上文青钟爱的大隐书局的第一家店，就在对面，与宋庆龄故居隔街相望。再往东一段，就是有名的上海图书馆。

鲁迅故居

如果要在上海寻找市民生活气息最浓的小街，虹口区的山阴路一定会上榜。这条南北走向的小路，南起四川北路，北至祥德路，长仅有 651 米，却是上海的 44 个历史文化风貌区之一。

上海的洋房或石库门里弄都很常见，但像山阴路这样集各种石库门里弄、花园里弄、新式里弄于一处的，依然相当稀缺——更不用说，这里还曾有过上海的一支文脉——大陆新村 6 号住过茅盾，8 号住过谢旦如，9 号则是鲁迅的故居。

如今的鲁迅故居，走进黑铁皮大门，是一个小花园。走上台阶，就是会客室。中间摆着西式餐桌。西墙放着书橱、手摇留声机和瞿秋白去江西瑞金时赠送给鲁迅的工作台。穿过玻璃屏风门，便是餐室：正中放着广漆八仙桌，四周是四只烤花圆座椅。西墙角是一只双层碗橱和四只圆凳，东墙放着衣帽架。

二楼的前间是鲁迅的卧室兼工作室，朝南窗下放着书桌和陈旧的藤椅。靠东墙的是一张黑铁床，床上的薄棉被、印花枕头，均按原样布置——1936 年，积劳成疾的鲁迅就是在这张铁床上不幸逝世的。如今，墙上的日历牌仍然停留在 1936 年 10 月 19 日那一天，成为对鲁迅永久的纪念。

尽管只居住了短短三年，这里却是鲁迅一生中作品最高产的地方。这份高产背后，离不开许广平的支持。无数个日夜，鲁迅先生奋笔疾书，许广平为他查资料、誊稿子之余，更是家中的家务总管——为鲁迅做厨娘，菜要挑最嫩的，鱼肉要挑最软的没刺的；家里的秘书是她，保姆是她，甚至水电工也是她。

这位“鲁迅背后的女人”，其实也是名门望族出身。许广平的祖父官拜浙江巡抚，她的母亲出身于商贾之家。许广平与鲁迅初识于北京女子高等师范学校时，他是讲台上的小说史老师，而

这里却是鲁迅一生中作品最高产的地方。这份高产背后，离不开许广平的支持。

她，是讲台下追求独立自由的新时代女学生。当年“五四”运动爆发时，许广平立即投身革命，还担任了学生会总干事，与刘和珍等同学携手并肩战斗，写了大量揭露和批判段祺瑞政府黑暗统治的檄文。

1936年10月19日，鲁迅临终之前，曾紧握着许广平的手，说：

“忘记我，管自己的生活！”但在他故去之后，许广平依然忙于整理鲁迅先生的遗稿，以之为己任，始终不倦。1946 年 10 月，许广平写了一篇《十周年祭》，道：“呜呼先生，十载恩情，毕生知遇，提携体贴，抚盲督注。”

地址：
上海市虹口区山阴路 132 弄 9 号

公交、地铁线路：
地铁 3 号线、4 号线；公交 70 路等

TIPS

□山阴路“近代民宅博物馆”——以“恒丰里”为代表的早期石库门里弄；以“大陆新村”为代表的配备卫生设施的新式里弄；以“施高塔公寓”为代表的独立成套式公寓住宅；还有以“千爱里”为代表的花园里弄。

□“千爱里”还曾居住着鲁迅的日本朋友内山完造，他的“内山书店”屡屡出现在鲁迅笔下，书店的前门在四川北路，后门则开在山阴路 2 弄 3 号。

秋瑾旧居遗址

在上海的四川北路邢家桥南路口有一条厚德路。相信一看到白底蓝字的“厚德路”路牌时，许多人的脑海里就会浮出“厚德载物”这个成语。

在四川北路厚德路的南端曾经有一个叫作“厚德里”的弄堂，但随着过去几轮城市更新，它被湮灭在了“城市化”的大潮中。

如今厚德路周围的崇义坊、永丰坊、大德里大都是1925—1930年建筑的，也就是说它们都是当时北四川路周围又一轮“城市化”建设之后的产物。有趣而又有幸的是厚德路保留下来了，让我们在浩如烟海的历史烟尘中还闻得到厚德里的一点“烟火气”。

应该说，厚德里的取名和寓意，也是遵从当时上海民居“吉祥安康、福德兴旺”的原则，从传统的中华文化名言警句中撷“精华”，有点“歪打正着”的意味，但厚德里与革命烈士秋瑾有一段“因缘”却是实实在在的。

1906年，32岁的秋瑾在日本参加光复会和同盟会之后回国到上海，就与革命党人尹锐志、陈伯平等同志在北四川路上的厚德里（现为永丰坊91号）租赁房屋设立革命机关。一为同盟会会员往来做通信点；二为联络各地秘密会党的场所，秋瑾当然也就居住在此。

厚德里虽然从上海地图板块上消失了，但它的“烟火气”却因秋瑾的名字而长存在上海的城市革命历史中。

1907年1月14日，她在此处创办了《中国女报》，先后撰写了《中国女报发刊辞》《敬告姐妹们》《勉女权歌》等重要文章。该报以通俗易懂的文字倡导妇女解放，呼吁妇女走向社会。所刊文章多倡导民族民主革命，主张男女平权，反对包办婚姻和缠足，批判纲常名教。

不久，秋瑾又回绍兴从事革命工作，不幸起义失败被捕，于1907年7月14日牺牲于绍兴古轩亭口。秋瑾就义后，《中国女报》与《女子世界》合并，改名为《神州女报》。

因此，厚德里成为秋瑾在上海的旧居。然而，20世纪20年代，厚德里的房屋被拆除。1930年，由农业银行出资在原址建起了永丰坊，秋瑾的旧居也因此无从复原。

不过，据史料考证，如今厚德路北面的四川北路1515弄永丰坊内的 91 号正是当年秋瑾旧居所在的方位。但现在早已成为普通民居的 1515 弄里，甚至连邻居都不清楚隔壁曾住过一位历史名人。

2005 年 10 月，永丰坊、大德里、恒安坊被上海市政府认定为上海市优秀历史建筑。

厚德里虽然从上海地图板块上消失了，但它的“烟火气”却因秋瑾的名字而长存在上海的城市革命历史中，它的方位又因厚德路的留存而印刻在更多人的心目中。

地址：
上海市虹口区四川北路 1515 弄 91 号

公交、地铁线路：
地铁 10 号线；公交 21 路、167 路等

TIPS

□四川北路昔日与南京东路、淮海路齐名。四川北路海宁路连接的路口上有座中行大楼，也是三角形设计，气势完全不输武康大楼。就在这个路口对面的小区，当年还是热门剧《向左走向右走》的取景地，陆毅和贾静雯的演绎让这条马路更富吸引力。

丁玲旧居

2018 年 5 月，位于昆山花园路 7 号的丁玲旧居正式挂牌。

1933 年的早春二月，丁玲搬入其中的三楼居住。在此间，女作家创作了短篇小说《奔》、散文《我的创作生活》等。

对比当下的一些文艺女青年，丁玲的一生，堪称“彪悍”：

1922 年，赶往上海，在陈独秀、李达等创办的平民女子学校学习。在长沙等地上中学时，受到“五四”运动思潮的影响。

1923 年，经瞿秋白等人介绍，进入中国共产党创办的上海大学中国文学系学习。次年夏转赴北京，曾在北京大学旁听文学课程。处女作《梦珂》于 1923 年年底发表于《小说月报》。

1928 年，完成代表作《莎菲女士的日记》，引起文坛的反响，出版第一本短篇小说集《在黑暗中》。

1929 年，与胡也频、沈从文在上海合办《红黑》杂志。

1930 年，参加中国左翼作家联盟，完成第一部长篇小说《韦护》。

1931 年，出任左联机关刊物《北斗》主编及左联党团书记，成为鲁迅旗下一位具有重大影响的左翼作家。

1932 年，加入中国共产党。

……

入党后，丁玲笔耕不辍，同时，她还要从事党的地下工作，要不断研究情况，处理问题，出席各种公开的或秘密的会议。昆山花园路 7 号这幢房子，丁玲住过的房间并不大，不到 30 平方米；她在这里住的时间也不长，就半年的光景。不过，此地已足以令人感到刻骨铭心：1933 年 5 月，丁玲在这里被国民党特务秘密绑架。

丁玲遭当局幽禁，是当年轰动文坛的一件大事，人们都很担心“左联五烈士”被枪杀的一幕重演。为此，上海文化界发起了一场影响极大的营救活动，蔡元培、杨杏佛、胡愈之、叶圣陶、郁达夫、沈从文等 30 多位文化名人联名致电南京政府，要求释放被扣人士。1936 年 9 月，丁玲获得自由。

她是不屈的，是奔赴陕北、到达中央苏区的第一位知名作家。在此后的年岁里，无论革命征程如何多舛，无论云霄海底的落差如何巨大，她心底住着的那个大胆而犀利的女战士始终不死，她的立场始终是女性的、反歧视反压迫的。

几十年间，上海丁玲旧居，与其他许多名人故居一样，早已入住了寻常人家。小巷深处有旧事，旧居挂新牌后，脚踏咯吱作响的木楼梯拾级而上，恍然如梦——午后的阳光灿烂夺目，骤然步入光线暗淡的楼道，瞬间的目眩无可避免，一个闪回，我们好像看见，女作家出了门，坐上黄包车，眼望着流动的街景，寻思着来到大陆新村、景云里参与文人聚会时，该讨论哪些目下最感兴趣的话题。

太阳照在桑干河上，太阳般炽热的火焰，在她的笔底燃烧。

地址：
上海市虹口区昆山花园路 7 号

公交、地铁线路：
地铁 10 号线；公交 6 路、13 路、17 路、63 路、319 路等

TIPS
□丁玲旧居为美商于 20 世纪初建造，砖木结构假四层，坐北朝南，早期联列式低层公寓建筑。清水红砖墙面，券式木门窗，线脚装饰细腻。
□周边有昆山公园、虹口图书馆 24 小时自助服务，值得一探。

史良旧居

武定西路东起武宁南路，西至江苏路。虽然和静安寺近在咫尺，但这条不通公交车的小马路却显得有些落寞，犹如“养在深闺人未识”的美人，难得的是它依旧神定气闲，倒是透出了一种骨子里的贵族气来。

据说很多藏在围墙后面的房子里都居住着一些老上海的后裔，他们默默地从这条路上走出来，连带着把武定西路特有的情调也一并带了出来。

武定西路1357号至1359号是中国民主革命时期著名的“七君子”之一史良女士的住宅。

史良，1900年3月27日出生于江苏常州的一个清贫知识分子家庭，1915年考入常州女师；于1919年参加“五四”运动，曾任常州市学生会副会长；1931年回上海开业任律师，曾办理过营救邓

史良旧居是一幢建于1920年的三层欧式花园洋房，水泥混合砂浆粉刷的外墙显得朴素大气。

中夏等中共地下党员的多起案件。

1936年11月，她与沈钧儒、邹韬奋、王造时、李公朴、章乃器、沙千里七人组织抗日救亡活动，并作为救国会代表赴南京请愿，被国民党政府逮捕，成为历史上著名的“七君子”事件。

史良是中国著名法学家、政治家，中华人民共和国首任司法部长；生前曾担任全国政协副主席、全国人大常委会副委员长、民盟中央主席；1985年9月6日去世，享年85岁。

史良旧居是一幢建于1920年的三层欧式花园洋房，机制平瓦坡屋面、水泥混合砂浆粉刷的外墙显得朴素大气。房屋底层为客厅、餐厅，二楼为卧室、书房。客厅、卧室内均有壁炉，烟囱蹿出屋面。南面有挑出的阳台，面向一个大花园。史良1946年至1952年曾在东半侧的楼内居住。

地址：
上海市长宁区武定西路1357—1359号

公交、地铁线路：
地铁2号线、11号线；公交01路、44路等

TIPS
□武定西路上最有名的莫过于位于1375号的开纳公寓。这个被张爱玲称为“避世”生活的地标，建成于1932年，以英商“汪记洋行”大班开纳命名，当时可谓沪上最气派的公寓建筑。
□令人惊艳的是和武定西路上的西式古典建筑特色相得益彰的一些雕塑小品，例如上海美术电影专修学校的门前有一个《雨中戏蛙》的雕塑。

宋园与上海儿童博物馆

1981 年 5 月 29 日，宋庆龄因病在北京寓所逝世。

1984 年 1 月，中华人民共和国名誉主席宋庆龄陵园经中共中央批准成立。位于上海市长宁区宋园路 21 号的宋园，占地约 12 公顷，由宋庆龄纪念设施、名人墓园和外籍人墓园以及少儿活动区四个部分组成，是全国爱国主义教育示范基地和全国红色旅游经典景区。

以宋庆龄墓为中心的纪念设施，是陵园的主体部分。平和端庄、静谧素雅的宋氏墓地，由邓小平亲笔题词的宋庆龄纪念碑，展示宋庆龄特有气质和风采的汉白玉雕像，全景式展示宋庆龄瑰丽人生的宋庆龄纪念馆等，让游客能够更立体地触及这位伟大女性的思想，感受历史洪流、滚滚红尘里，那份独一无二的激情与柔情。

名人墓园里，安葬着爱国老人马相伯、抗日英雄谢晋元、“三毛之父”张乐平等知名人士，每个墓均建有反映个人风格的、栩栩如生的纪念雕塑；外籍人墓园葬有来自世界25个国家的600多名外籍人士，包括宋庆龄的美籍女友耿丽淑、鲁迅的日本朋友内山完造夫妇等。

少儿活动区的一期工程——上海儿童博物馆，坐落在宋庆龄陵园东南部，是全国首座面向3~12岁儿童的专业博物馆，也是全国和上海首批科普教育基地之一。全馆由航天馆、航海馆、玩具馆、展示厅、球幕电影厅和多功能厅组成。其中，一楼是趣味性极强的穹顶电影，另一边的展区有船舱和潜水艇，供小朋友们体验海洋乐趣；二楼是关于天体的展区，小朋友可以看到巨大的太空舱，另有书屋和后花园，可供小朋友尽情玩耍，体现了宋庆龄“缔造未来”“把最宝贵的东西给予儿童”的思想。家长带着孩子到这里开阔眼界，循循善诱，潜移默化地帮助小朋友了解科学知识，对下一代的成长，是极有益处的。

人们尊称宋庆龄为“国母”，因其夫孙中山是“国父”，两人的结合，堪称近代史上的一段佳话。1921 年，孙中山在广州就任中华民国非常大总统，发起第二次护法运动，并积极准备北伐。但手握广东实权的陈炯明与其政见不合，兵变叛乱，当时情况危急，宋庆龄不幸流产，此后，孙中山、宋庆龄未能再育。坚强的宋庆龄，虽然心中悲痛，却振奋精神，于漫漫余生里，倾注满腔关爱，让自己成了更多可爱宝贝的“妈妈”。

今日之宋园，风景优美。春樱夏薇，秋桂冬柏，一年四季树木葱茏，芳草如茵，鸟语花香。长眠地下的女主人若泉下有灵、芳魂有知，当倍觉欣慰——当年狼烟烽火，家国动荡，仁人志士舍生取义，终于换来了今朝锦绣中华，换来了儿童们脸上无忧无虑的笑颜。

地址：

上海市长宁区宋园路 21 号，
宋园路 61 号

公交、地铁线路：

地铁 3 号线、10 号线；公交 48 路、72 路、113 路、911 路等

TIPS

□宋庆龄纪念馆设有纪念品专柜，销售宋庆龄研究书籍、衍生纪念品，如磁性书签等。

□上海儿童博物馆开设有“动手做课堂”“科学小讲堂”等，寓教于乐。

上海市市立幼儿园

位于徐汇区建国西路629号，原是国民党官员王耀武的宅邸。而今这处花园洋房式的建筑群，早已经褪去了历史的风尘，成为一座儿童乐园——上海市市立幼儿园。

市立幼儿园前身为华东保育院，由华东局于1948年4月在山东青州城的大官营村创办。华东保育院在1949年6月迁移上海后，更名为华东局机关保育院。为了纪念两位创始人，市立幼儿园的两栋新楼被命名为“静逸楼”（李静一）和“鎏金楼”（邓六金），幼儿园的主楼，则名为“华保楼”（华东保育院简称）。

1956年6月，华东局机关保育院移交上海市人民政府，与原上海市政府机关保育院、原妇联保育院合并，改名为上海机关第二幼儿园。1980年，上海机关第二幼儿园划归上海市妇女联合会，定名为上海市市立幼儿园。

71年来，一批批优秀的学童从市立幼儿园的校门走出，成为培育新中国接班人的摇篮。

如今的园长认为，“红色基因”使其对事业多了一份使命感：让特殊年代中的爱与责任在市立幼儿园延续下去。事实上，华东保育院的教育方针和方式对现在的幼教事业仍有极大的借鉴意义——华东保育院的教育方针包括培养孩子的集体生活习惯，提高生活能力，发展智力，提高文化，锻炼体格，培养服务精神。在教育方式上，除了知识的学习外，保教人员还经常带孩子们到户外田野去活动，使他们接触大自然，在大自然和社会中学习、锻炼、成长。

因此，市立幼儿园发展出自己的教育理论和方法——符合孩子的个性，培养孩子的德行，回归孩子的天性。从2001年起，市立幼儿园和华东师大心理学系联手开展专题科研，孩子在入园之初，都会接受一次“气质评估测试”，教师再据此制订具有针对性的培养方案。

市立幼儿园还提倡“四立”教育：立言，立自信之言，着眼于孩子勇于发问、善于表达的能力培养；立思，立智慧之思，着眼于孩子乐于思考、勤于探究的精神培养；立行，立敦比之行，着眼于孩子关爱感恩、文明自律的行为培养；立志，立弘毅之志，着眼于培养孩子敢于坚持、富有责任心。

地址：
上海市徐汇区建国西路 629 号

公交、地铁线路：
地铁 1 号线、9 号线；公交 43 路、49 路、927 路等

TIPS
□建国西路：街边小馆、私密洋房、大牌名店林立，这条马路虽不过短短 2 公里，却散落着数百家各具特色的商户。建国西路这条马路，向来低调文静，但细数它背后的历史文化和洋房建筑，却丰富得惊人——

172 号：步高里，巴金在这里创作了《海的梦》等作品。

365 弄：福履新村，世界七大船王之一的董浩云、其子中国香港前特首董建华的私宅就在 5 号。

570 号：徐汇区机关建国幼儿园。1939 年汪精卫逃至上海期间，和妻子陈璧君就居住在这栋花园洋房内。

628 号：现在是波兰领事馆，过去是中国香港富豪王时新的宅邸。

上海博物馆

《国家宝藏》的热播，让博物馆们成了网红。坐标位于魔都的上海博物馆，是大咖中的一员，三件镇馆之宝大克鼎、商鞅方升、《缂丝莲塘乳鸭图》亮相，惊艳四座。

其中，大克鼎的故事令人动容。抗战期间，潘达于女士力保文物不失，日本强盗一遍遍搜刮，每次都无功而返。1951 年 7 月，移

海派

海上月明照繁花

以海纳百川的胸襟，
孕育出古典雅致、
开放多元的时代气息。
一草一木，一砖一瓦，
都给你一个更爱上海的理由。

居上海的潘达于寄出一封信：“窃念盂、克二大鼎为具有全国性之重要文物，亟宜贮藏得所，克保永久。诚愿将两大鼎呈献……”刚刚成立的上海市文物管理委员会以隆重的授奖典礼表彰潘氏捐献之举。潘达于家藏周代盂鼎、克鼎，为祖国历史名器，数十年来迭经兵燹，保存无恙，今捐献政府，公诸人民，其爱护民族文化遗产及发扬新爱国主义之精神，至堪嘉尚。《缂丝莲塘乳鸭图》的创作者朱克柔，更是地地道道的上海女人。她是南宋高宗时缂丝名手、画家，作品清新秀丽，连挑剔的皇帝都对之青眼有加——杰出的女性，古今不绝，

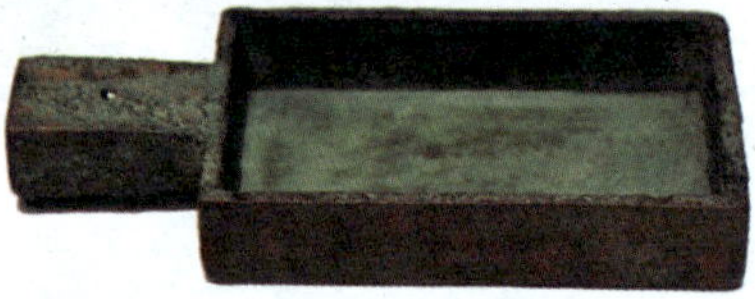

上海博物馆的附近，上海城市规划展示馆和上海大剧院如两颗明珠，三者相映成趣。

都是阿拉上海人的骄傲。

上海博物馆创建于 1952 年。1993 年 8 月，人民广场馆舍开工，1996 年 10 月 12 日全面建成开放。这是一座大型的中国古代艺术博物馆，其收藏、研究、展览和教育，以中国古代的艺术品为重点，馆藏文物近 102 万件，其中珍贵文物 14 万余件。上海博物馆的文物收藏包括青铜、陶瓷、书画、雕塑、甲骨、符印、货币、玉器、家具、织绣、漆器、竹木牙角、少数民族文物等 31 个门类，尤以青铜、陶瓷、书画最为突出。现有 10 个艺术陈列专馆、4 个文物捐赠专室和 3 个特别展览厅，着力体现各艺术门类的完整发展历史，体系之完整、藏品之丰富、质量之精湛，在国内外享有盛誉。

博物馆的附近，上海城市规划展示馆和上海大剧院如两颗明珠，三者相映成趣。上海城市规划展示馆以“城市、人、环境、发展”为展示主题，向上海人民乃至世人展示上海城市规划建设发展的成就，让市民知晓城市规划，参与城市规划，架起了市政府与市民间的沟通桥梁。至于上海大剧院，歌剧、音乐剧、芭蕾、交响乐、室

内乐、话剧、戏曲……艺术之花在此地盛放，芬芳满申城。两边反翘和天空拥抱的白色弧形，寓意“天圆地方”；外立面由玻璃和大理石组成，晶莹透亮，融合现代化与民族风，夜晚时分，通过光线照射，整个建筑物宛若水晶宫殿，气质梦幻。多年来，数不胜数的名团名家到上海大剧院来演出，让观众彻底陶醉在审美的高级享受里，沉醉不醒。

地址：

上海市黄浦区人民大道 201 号

公交、地铁线路：

地铁 1 号线、2 号线、8 号线；公交 574 路、925 路、71 路、18 路、145 路、46 路等

TIPS

□上海博物馆推荐精品路线，不可错过：1 楼青铜馆镶嵌十字纹方钺等，雕塑馆东汉抚琴陶俑等；二楼陶瓷馆马家窑文化彩陶涡纹壶等；三楼书法馆苏轼真书《祭黄几道文》卷等，绘画馆艳艳女史草虫花蝶图卷等，玺印馆春安君玉玺等；四楼玉器馆神像飞鸟纹玉琮等，家具馆明黄花梨木圆后背交椅等，少数民族馆满族妆花纱蟒袍等，钱币馆天策府宝（鎏金）等。

□上海城市规划展示馆内有按上海市实际面积以 1：500 比例制作的城市模型、引人怀旧的上海 20 世纪 30 年代老街风貌，以及采用虚拟实境、幻影成像等高新技术手段呈现的上海未来都市景观，非常精彩。

上海科技馆

你爱科学吗？如果觉得“想说爱你不容易”，那请走进上海科技馆吧！作为2001年10月21日亚太经合组织（APEC）第九次领导人非正式会议的主会场，现代感强烈、科技范十足的上海科技馆甫一亮相就惊艳了世界。

2001 年 12 月 18 日，上海科技馆正式对外开放，悄然翻开了上海科普事业的新篇章。作为上海三个 5A 级景区之一，上海科技馆年均接待量近 400 万人次，观众满意度常年保持在 90% 以上。在国际主题公园协会（TEA）组织发布的“全球最受欢迎的 20 家博物馆”榜单上，上海科技馆连续多年上榜，在 2017 年更是跃居世界第六。

但鲜少有人知道，这座世界一流的科技馆，是由上海市原副市长左焕琛推动建设的。她的高祖父是晚清名臣、收复新疆的左宗棠。

左宗棠曾写过一副对联：身无半亩，心忧天下；读破万卷，神交古人。对此，左焕琛感叹：“旁人眼里这是催人奋进的诗句，对我们后辈而言则是不敢忘却的爱国为民之心志。”

1996 年，左焕琛当选为上海市副市长，分管卫生、科技、妇女儿童等方面工作。从解剖系教师到政坛，左焕琛认为，社会也符合解剖学原理，“宏观的社会管理，也要深入了解和剖析社会，为国家和百姓多做实事”。她启动医疗卫生改革，将上海的 97 所地段医院改造成标准化的融医疗、预防、康复、心理咨询、健康教育和计生技术为一体的社区卫生服务中心；为了解决上海农民因病致贫的问题，她在全国率先建立了全市农村大病医疗风险基金……

左焕琛在卸任上海市副市长的十多年里，又担任了上海科技馆理事长、上海科普教育发展基金会理事长，奔走在科技报国的

上海科技馆正式对外开放，悄然翻开了上海科普事业的新篇章。

道路上。她创立了我国科技馆领域的第一个基金会。基金会先后为科技馆、自然博物馆募集项目及资金约 2.7 亿元，募集标本及各类收藏品千余件。

如今的科技馆拥有一支数量可观、人才济济的女职工队伍。长期以来，女职工们在科技馆的展示、教育、设计、研究、运行与管理工作中积极贡献力量、创造业绩，用自己的风采成就了科技馆的精彩。女性在上海市科技从业人员中占比也达到了 48.1%，真正地顶起了“半边天”。

创下单日参观人次之最的“恐龙展”和来自大洋深处的“深海奇珍”展，带领观众足不出“沪”领略奇妙世界；2003 年起，中国首次载人航天飞船“神舟五号”实物展走进上海科技馆，之后“神六”“神七”和“神九”纷至沓来掀起一阵阵“航天热”；从 2005 年“鸡年说鸡”起上海科技馆已举办了整整一轮生肖特展，成为申城独特的科普“年夜饭”……十多年来，一直紧跟世界科技馆的发展趋势，针对不同年龄段观众的需求，创新性地开发科技教育活动，让上海科技馆常开常新，深受广大市民的喜爱。

地址：
上海市浦东新区世纪大道 2000 号

公交、地铁线路：
地铁 2 号线

TIPS

□ 2015 年正式开馆的上海自然博物新馆（上海科技馆分馆）以“自然·人·和谐”为主题，通过“演化的乐章、生命的画卷、文明的史诗”三条主线，呈现了起源之谜、生命长河、演化之道、大地探珍等 10 个常设展区，显现波澜壮阔的演化历程和多姿多彩的大千世界。

□ 2016 年，另一个分馆上海天文馆破土动工。随着这座全球建筑面积最大的天文馆奠基，上海科普正在形成黄金“大三角”——到科技馆探索新科技，去自然博物馆看缤纷生命，2020 年后深入天文馆揭秘宇宙，正是国际大都市里“科学生活”的完美组合。

中华艺术宫

中华艺术宫的前身，是上海世博会中国馆。世博会期间，中国馆即为国家的象征，无论是在建筑范式还是内容上，皆代表了国家“城市让生活更美好”的理念。

如果想考察中国传统文化元素与现代建筑如何完美融合，中华艺术宫无疑是最佳样本。它的建筑外形，好似一尊巨大的鼎，庄严而稳重。鼎，是祭器，也是礼器，更是食器，“民以食为天”“国之大事，在祀与戎”。一个鼎字，寓意定鼎九州、一言九鼎、钟鸣鼎食……通体的中国红，深蕴日出东方、斋斋皇皇之气象，颜色与天地自然之道相对应。

世博会之后，中国馆通过改造，整体迁入上海美术馆，华丽转身中华艺术宫，陈列了 20 世纪以来中国美术许多名家大师的作品。其在功能和工作的目标上有所调整，从一个单向的世博会主题，转化为呈现中华民族视觉艺术的载体。“做一个有温度的美术馆，做一个有情有义的美术馆，做一个大家在这里能够心灵休息、相互交流、获得滋养的美术馆”，正是中华艺术宫的追求。

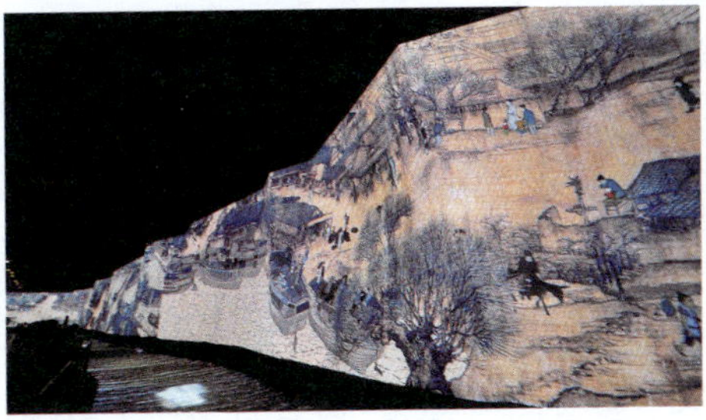

世博会之后，中国馆通过改造，整体迁入上海美术馆，华丽转身中华艺术宫。

历史上，我国是一个重视德育与美育的国家，就目前而言，我们的审美教育还需进一步提高。美术馆需要承担的责任，仿佛滋润干涸大地的甘霖，观众到了中华艺术宫，好像种下一粒种子，然后洒水浇灌，日积月累，终有一天萌发新芽。

打造一个全球华人美术的雄伟殿堂，让世人目睹华人近现代美术的高度、宽度和深度，也是中华艺术宫的志趣所在。著名美术家孝勤先生，将80件代表作品捐赠给中华艺术宫，成为永久馆藏；著名美术家廖修平先生，也将毕生的100件代表作品捐赠给中华艺术宫。除了海外华人之外，国内艺术家的捐赠也非常踊跃，著名油画家邱瑞敏先生，以及他的夫人、著名的雕塑家吴慧明女士，向国家捐赠了100件作品……这样的故事有很多。中华艺术宫强大的凝聚力，在于艺术家们的共同愿望：让艺术，能够成为民族发展的一份能量，在公共文化的平台上面发光发热。

那个天气炎热、参观热度更高的2010年夏天，永远地留在了人们的记忆里，“小白菜”们也都长大了。再进中国馆，念着中华艺术宫的新名字，穿过近现代艺术精品的群阵，站到《清明上河图》前，但见光影灵动，水波潋滟，市声悠然，千年的风雅与千年的繁荣，拼成了一幅荡气回肠的画卷。

地址：

上海市浦东新区上南路205号

公交、地铁线路：

地铁8号线；公交1212路、1213路、18路等

TIPS

□中华艺术宫除了长期陈列之外，基本上每年有30~40个专题展，600多场公共教育活动，其中讲座达到100场，年度的观众量达到260万左右。

□整个世博园区，除了“一轴四馆”的永久建筑，还有个别的场馆、国家馆也给予了保留，改造成美术馆或其他场馆，其中，世博文化公园的建设是“重头戏”之一。该公园可说是浦江沿岸最大的绿化地，且纳入许多文化设施构筑，将与中华艺术宫形成呼应关系。

中国证券博物馆（原浦江饭店）

走在上海的外白渡桥附近，你可能会被太多漂亮的外滩建筑群吸引了眼光，唯独忽略了桥那一头，一栋看起来似乎不够半岛酒店高大上，也不如外滩源那么复古文艺的建筑：浦江饭店。

这家饭店也曾一度被忽略。直到2007年，在张一白电影《夜·上海》中，见到夜色中的浦江饭店——那一刻，周围乱哄哄的车辆退散，人群隐去，雨后微湿的路面照出它的倒影，才让人惊呼：原来浦江饭店那么美！

不仅美，这里还曾创下了许多个第一：它原名礼查饭店，早在1846年就坐落于外白渡桥东侧，是中国第一家现代化意义上的酒店，是促进东西方仁人志士交往的窗口，让上海走向世界的最初舞台。1882年7月26日，上海首次试燃15盏电灯，礼查饭店及花园内就点亮了7盏。中国的第一部电话也在这里接通，号码是“200”，这是上海最早使用的现代电话。新中国的第一个证券交易所也在这里成立。

它还曾见证了中西文化的交流和互通——西方马戏团最早在上海的演出就在此地，西方半有声露天电影首次在这里亮相，中国最早的交谊舞也在这里举行。

除此之外，浦江饭店还因为一对住客而名垂青史。

1927年4月，这里迎来的一对男女，他们即将影响中国革命的未来。这两个人，就是周恩来和妻子邓颖超。

1927年4月12日凌晨，蒋介石在上海发动政变，大肆屠杀共产党员、国民党左派及革命群众。这就是史上著名的“四一二”反革命政变。那时候的上海，到处被白色恐怖笼罩着。对于那段时间周恩来的行踪，许多相关书籍上都没有详细的记载，也一直是一个秘密。

1973年9月17日，周恩来、邓颖超陪同法国总统蓬皮杜访这是中国第一家现代化意义上的酒店，是促进东西方仁人志士交往的窗口。

问上海。那天，周恩来来到上海大厦 18 楼等候外宾，在贵宾室，他讲起一段尘封 40 多年的往事：“1927 年上海工人武装起义胜利以后，蒋介石叛变革命，当时的形势很紧急，根据党组织的决定，我和邓颖超住进了礼查饭店。”

随即，邓颖超也向陪同人员证实了此事。她说：“对！对！那可是一个高级的饭店哪，当时住的都是外国人和‘高等华人’。我们住进去以后也要充阔佬：恩来穿的是西装革履，我呢，身上穿的是旗袍，脚上着的是高跟鞋，冒充阔太太。我们在礼查饭店住了两个多月，不能出门，靠地下党组织派人来联系。真把我们给憋死了！”

在浦江饭店 311 房间，周恩来夫妇度过了不寻常的两个多月。这段艰难岁月直到 46 年后才为人们所知。

如今再到黄浦路 15 号，这里已经变身为中国证券博物馆。为何选址浦江饭店见证中国证券的历史？因为1990年12月19日，上海证券交易所正是在这里举行了隆重的开业仪式。那时，证券交易机构阔别上海滩已经40年之久，浦江饭店见证了它的回归，也见证了我国证券市场的现代化发展之路。

现在，证券博物馆接受社会预约参观，在这里你可以看到中国证券业整个改革发展的历程，也能看到资本市场建设发展的最新成就。这里承载和普及着金融证券知识和文化，也展示着中国资本市场发展的丰硕成果，正在着力打造彰显中国资本市场“四个自信”的证券期货文化高地。

地址：
上海虹口区黄浦路15号

公交、地铁线路：
地铁12号线；公交37路、135路

TIPS

□周恩来的这段上海岁月，后来被拍进了电影《建军大业》中。

□ 1922年，爱因斯坦夫妇在上海得知自己获得了1921年度诺贝尔物理学奖的喜讯，当晚他正是下榻在礼查饭店304房间。

□美国喜剧大师卓别林也曾于1931年和1936年两次来到上海，并下榻礼查饭店。

上海交响音乐博物馆

热闹的淮海中路旁，静谧的宝庆路上，有一座掩藏于绿荫中的老洋房。这里曾是“上海第一私人花园”，它的主人是近代上海“颜料大王”周宗良。现在，这座著名的私人花园对外开放，成为国内第一家以交响乐为主题的“上海交响音乐博物馆”。

走进博物馆，你会发现展陈被分为三大板块——“乐之河”里有着上海交响音乐发展的历史文脉；“乐之华”着重介绍中国指挥家、作曲家以及交响音乐代表作；而“乐之传”则以通俗易懂的方式向大众普及交响音乐知识，传播交响音乐文化。

在众多知名音乐家中，中国钢琴诗人顾圣婴的名字可能没有那么如雷贯耳，但她的音乐成就，却在短短三十载的人生中一再放出光华。

1937 年，顾圣婴出生于上海一个书香之家，虽然父亲顾高地因历史原因被捕，但她的童年依然有幸沉浸于音乐的海洋——5 岁，顾圣婴就入读开设有钢琴课的上海中西小学，先后师从邱贞蔼、杨嘉仁、李嘉禄教授学琴；小学三年级起，她就获得了上海历届钢琴比赛第一名；年方 16 岁，顾圣婴就与上海交响乐团首次合作，开始登上音乐舞台；18 岁，她首次在上海举行了钢琴独奏音乐会，获得巨大成功。

此后，她更在莫斯科举行的第六届世界青年联欢会上荣获钢琴比赛金奖，那是中华人民共和国成立以来，中国人在国际比赛中夺得的第一枚金质奖章。1958 年，这位了不起的中国小姑娘又在日内瓦引起轰动，她在第十四届国际音乐比赛中荣获女子钢琴最高奖，被评价为“天生的肖邦演奏家，真正的钢琴诗人，是高度技巧和深刻思想令人惊奇的结合”。

如今，在顾圣婴诞生的愚园路 1088 弄宏业花园 103 号，竖起了一块以她为主题的公益文化墙，记录了这位女钢琴家璀璨的艺术成就。

和宝庆路一样，汾阳路也是闹中取静的小马路，每每走过，总会听闻一阵仙乐飘飘，有时是悠扬的小提琴，有时是几声荡气回肠的女中音，不用想也知道，一定是来自汾阳路上的上海音乐学院。

走进汾阳路 20 号，迎面而来的一栋老洋房格外引人注目，它就是有着上百年历史的上海音乐学院专家楼——半个多世纪以来，从专家楼里走出了许多闻名国际的音乐家、音乐教育家，其中亦有不少是杰出的女性，周小燕、俞丽拿、高兰芝就是其中的代表。有人曾问周小燕："您什么时候关门，不收弟子？"她说："盖棺的时候关门，反正也没有退休的，那我就干终身的。"

地址：
上海市徐汇区宝庆路 3 号

公交、地铁线路：
地铁 1 号线；公交 911 路、920 路、926 路等

TIPS

□在欧洲，周小燕被誉为"中国的夜莺"。

□《梁祝》在全球灌制的唱片发行量已经超过 300 万张，俞丽拿因此荣获了中国首届 "金唱片" 奖。周总理陪同到中国访问的外国国家元首来上海，每次都点名要听《梁祝》。

土山湾博物馆

在中国近代文化史上，徐家汇南部肇嘉浜沿岸的“土山湾”，是一个不得不提的地方。这里曾因林则徐率民众疏浚蒲汇塘等河道堆积淤积而成，故得此名；更因 1864 年教会在这片土地上创设“土山湾孤儿院”，终于成为中国西洋文化的摇篮。

在抚养孤儿之余，当年的教会还创办了工艺品厂，绘画、雕塑、印刷、木刻、金工等无所不包，很多新工艺都发源于此。尤其是绘画的学习，使得土山湾成为中国西洋画的摇篮——任伯年、刘海粟、徐悲鸿都曾在这里任教。

如今的上海土山湾博物馆就建在孤儿院原址上，镇馆之宝为“中国牌楼”。

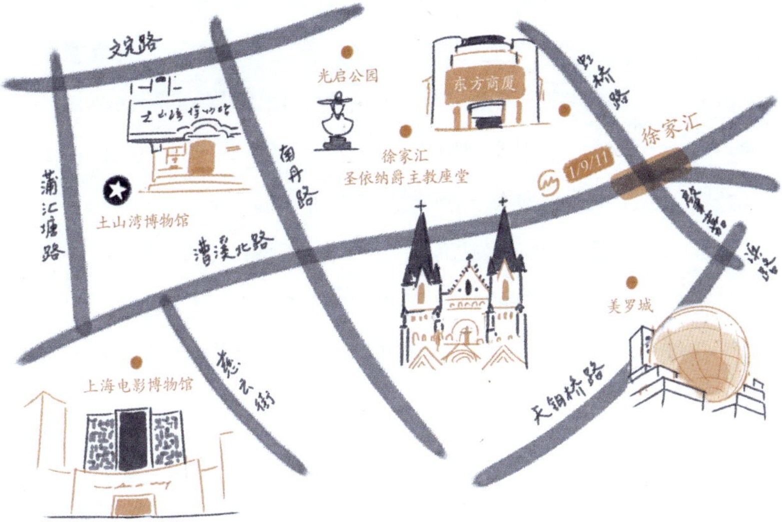

摩登上海，其中一个重要的元素就是“月份牌”。说起来，月份牌进入上海，也与土山湾关系密切——当年，土山湾还设有一座画馆，主持人是修士、西班牙人范廷佐，和他搭档的是意大利拿波里人马义谷。范廷佐擅长建筑、雕刻，在画室负责素描和圆雕，马义谷主要负责教授油画。其后的 100 多年间，画馆可谓桃李满天下——周湘、徐咏清、张聿光、张充仁都曾是画馆的学生，其时上海滩著名的月份牌画师之中，就有不少出生土山湾画馆。

土山湾不仅成了中国西洋文化的摇篮，还因为修女们的传习，将不少西方技艺带入中国。1869 年 2 月 3 日，第一批法国修女坐船来到上海，最初就住在徐家汇王家堂地区。修女们来到上海以后，开始招收一些“贞女”。当时的贞女大多来自农村，在这里，她们开始学习一些西方技艺——其中之一就是“绒绣”，绒绣也由此传入上海。早期花样图案的绒绣仅作为日用工艺品的装饰面料，1943年，上海绒绣艺术家刘佩珍，尝试第一幅人像绒绣《高尔基》，首开中国绒绣艺术品创作人物肖像之先河。

如今，上海绒绣已经成为海派文化的一部分，它结合了西方的绒绣技巧和中国传统的刺绣技法发展而成，表现了油画、国画、摄影等综合艺术样式，忠于原稿又胜于原稿，再创造的物象更富于立体感，形成远看和多角度观看效果俱佳的复色艺术效果，体现出中西合璧的上海绒绣特色，被誉为“东方油画”。

地址：

上海市徐汇区蒲汇塘路55-1号

公交、地铁线路：

地铁1号线、4号线；公交923路、754路等

TIPS

□如今的上海土山湾博物馆就建在孤儿院原址上，于2010年6月“博物馆日”开馆，镇馆之宝为“中国牌楼”。

上海天文博物馆

上海天文博物馆位于风景优美的松江区西佘山国家森林公园景区内，其前身为法国天主教传教士建立于1900年的佘山天文台，它是中国第一座建有天文圆顶和拥有大型天文望远镜的现代天文台。2004年，上海天文台在此基础上建立了上海天文博物馆，现为全国天文科普教育基地和全国重点文物保护单位。

上海天文博物馆的镇馆之宝是一台建成于1900年的40厘米口径双筒折射望远镜，它是中国最早建成的大型天文望远镜，迄今仍为中国最大的折射望远镜之一。为此望远镜而建设的佘山天文台是中国第一座真正专业从事天文观测的天文台，见证了中国近代天文发展的历史。此外，上海天文博物馆还拥有百年天文图

博物馆还建有太阳观测中心和大众天文台，配置一台35厘米的天文望远镜。

书馆，数千张天文底片，以及帕兰子午仪等珍贵的历史文物。

值得一提的是，上海天文博物馆近年来最大的一次活动，源于一位女科学家的执着——中科院院士、中科院上海天文台名誉台长叶叔华。2012年10月28日上午，上海65米射电望远镜落成仪式及中国科学院上海天文台成立50周年暨建台140周年庆典活动，在位于松江区佘山的65米射电望远镜现场举行。

65米射电望远镜在上海落成，和叶叔华2008年的“仗义执言”有关。那年1月，时任中共上海市委书记俞正声、时任市长韩正，接见了上海市参与“嫦娥一号”任务的有关单位代表。当时，上海天文台与北京、昆明、乌鲁木齐的射电望远镜组网，为40万公里之外的“嫦娥一号”提供了精密测轨定轨。汇报会上，81岁的叶叔华告诉俞书记和韩市长：“在所有的合作单位里，我们上海的望远镜是最小的。”当时，北京密云新建了50米口径望远镜，云南昆明新建了40米口径望远镜，上海还是佘山那台 25 米口径望远镜。叶叔华继续说，而且上海的望远镜也是最老的，都应该退休了。市领导当即拍板，同意上海天文台建设 65 米口径射电望远镜的建议，指示有关部门落实研制经费和站址用地。经中科院与上海市协商，当年天马望远镜就正式成为一项“院市合作”的重大工程。

如今，上海天文博物馆愈来愈“亲民”——在历史展陈之外，还建有独具特色的“星空之旅”互动式球幕电影厅，游客在漫游神奇宇宙的同时还可以触摸探索宇宙的奥秘。此外，博物馆还建有太阳观测中心和大众天文台，配置一台 35 厘米的天文望远镜，白天可以实时呈现太阳的影像，夜晚则可以组织市民一赏月球和其他星球的迷人真面目。

虽然到 2021 年，位于浦东临港的上海天文馆将替代佘山的上海天文博物馆，但后者仍将是值得打卡的去处。

地址：

上海市松江区西佘山顶

公交、地铁线路：

地铁 9 号线；公交南佘线、上佘线、松青线、石青线等

TIPS

□佘山：海拔 99 米，是上海境内第二高峰，被称作“上海后花园”。

这里乐声悠扬，金色音符流淌，素享“城市音乐客厅”之称。始建于1930年的上海音乐厅，就是上海的“音乐之声”。

上海音乐厅原名南京大戏院，是上海第一家放映外国影片的戏院，当时首映的是美国环球电影公司的歌舞片《百老汇》。放映电影之余，戏院也一直伴有其他艺术形式的表演。如当年的投资方股东之一朗德山，在国内曾组建“潘家班”杂技马戏团，戏院专门设计与有声电影无关的小乐池，就是供演出伴奏之用。

20世纪30年代的上海，西洋古典音乐并没有走入大众的生活。根据记载，本埠西洋音乐专业团体——工部局交响乐团在南京大戏院最早的演出，是在1932年；其后，工部局的夏季音乐会成为大戏院的固定演出。40年代，世界著名钢琴家莫什维支、米罗维支，大提琴家皮亚斯特罗，低音提琴家约瑟苏斯特，小提琴家阿德勒等，陆续造访过南京大戏院。

抗战胜利后，1946 年 4 月至 5 月，梅兰芳在这儿率团连演 13 天，盛况空前。1949 年，南京大戏院改名为北京电影院。1959 年，第一届上海之春音乐会要物色一个专供音乐演出的剧场，加之新中国成立以来，上海交响乐团、广播乐团、民族乐团以及歌舞剧院相继成立，同样迫切需要一个专业的演出场所。北京电影院因特殊建筑结构能产生上佳音效被选中，正式改名为上海音乐厅。

其廊柱、大旋梯、正立面、观众厅墙面、穹顶等，都显现出古典建筑艺术风格，十分美观，由中国著名建筑师范文照、赵琛设计。1989 年，上海音乐厅被列为上海市优秀近代建筑保护单位。多年来，上海音乐厅也一直以良好的音响效果和古典主义的建筑特色，被誉为“上海的巴黎歌剧院”。2002 年，市政府决定对上海音乐厅进行保护性迁移和完善功能修缮。音乐厅平移 66.4 米，并整体抬升 3.38 米。如此大的历史建筑平移工程，在全国范围内也是首屈一指的。2004 年，平移后的上海音乐厅“归来”。

走进休息大厅，映入眼帘的是 16 根合抱的褐色大理石圆柱，气度不凡。观众厅的构图明确规范，复杂而不凌乱，变化又富有层次，色彩淡雅庄重，与此地演绎的古典音乐，有着惊人的统一。作为上海音乐活动的中心之一，上海音乐厅是历届上海之春音乐节、国际广播音乐节的核心场所；众多的中外著名音乐家、乐团先后登临舞台，展现高雅艺术风采，包括小提琴家艾萨可·斯特恩、萨尔瓦多·阿卡多、伊戈尔·奥伊斯特拉赫、祖克曼、郑京和，大提琴家马友友，钢琴家拉罗查、傅聪、殷承宗，巴伐利亚广播交响乐团、意大利国际乐团、费城交响乐团室内乐团、香港管弦乐团、中国交响乐团等，均在上海音乐厅表演过，获得巨大成功。据悉，著名女歌唱家胡晓平、詹曼华、高曼华、黄英、陈小群等，曾经都是音乐厅节目单上的贵客或常客。

丰满生动，力量强大，上海音乐厅，让听众体验到音乐之“爱”。

地址：
上海市黄浦区延安东路 523 号

公交、地铁线路：
地铁 1 号线、2 号线、8 号线；公交 17 路、23 路、126 路、145 路、518 路、925 路等

TIPS

□ 2019 年 3 月 1 日起至 12 月底，上海音乐厅进行整体修缮；修缮期间，整栋建筑全部封闭，停止所有对外演出和经营活动，计划于 2020 年 1 月重新对外开放。

□上海音乐厅周边 5000 平方米的茵茵绿坪，见证了城市在文化演出方面的创举：2014 年起，黄浦区推出“城市草坪音乐会”高品质艺术公益项目，搭建起独特的音乐演出平台——天气晴朗的周末，这里会定期上演高品质露天音乐会。

上海中心大厦

1990 年，改革之风吹到了上海浦江之东。从当时的外滩远眺，浦东陆家嘴地区仅有邮电大楼等少量高层建筑。1993 年 12 月，上海市政府批复并原则同意《上海陆家嘴中心区规划设计方案》，明确提出建设三座高塔建筑成为核心区的标志性建筑。此后，1999 年，420 米的金茂大厦竣工开业；2008 年，492 米的上海环球金融中心观光厅正式开放。然而，最后一幢建筑，上海中心大厦却姗姗来迟。

2007年，习近平在上海工作期间，十分重视上海中心大厦建设，多次亲自实地调研，审定上海中心大厦设计方案，要求把上海中心大厦建设成为绿色、智慧、人文的国际一流精品工程。

上海中心大厦向全世界招标，最终入围九个设计方案。之所以最终中标的是这条类似盘旋巨龙形状的建筑，一方面，能有效减少风阻近24%；另一方面，是为了与金茂大厦、环球金融中心相和谐。

2017年，上海中心大厦全面投入试运营，并以其632米的建筑总高度、绿色环保节能的设计理念、螺旋式上升的建筑结构和

上海中心这座“垂直城市”已经成为上海的地标，宛如一条“腾飞的东方巨龙”。

极大的施工难度，成为中国最受瞩目的“超级工程”之一，被誉为“腾飞的东方巨龙”。

上海中心项目副总工程师、来自上海建工集团的周虹是一员女将，曾荣获“上海市三八红旗手”的荣誉称号。周虹及其团队的施工任务十分艰巨。例如，如何在超高层建筑上搭设符合施工要求的钢平台体系？上海建工对原来金茂大厦、环球金融中心建设过程中使用的钢平台体系进行了改革和创新，最终形成了跳爬式液压整体自升钢平台脚手体系。这个脚手体系足有两个篮球场那么大，平台上可容纳 150 吨钢筋堆放，犹如一艘“空中航母”。这一关键装备，为复杂核心筒顺利施工提供了保障，使工程主体结构实现了从七天一层攀至三天一层的速度。

如今，上海中心这座“垂直城市”已经成为上海的地标——这里的电梯超级快，每秒 18 米的速度，一分钟不到，就能从地下

1层上升到119层，堪称“电梯里的高铁”。

地下一层（B1F）和118层、119层、125层、126层，组成了名为“上海之巅”的游览项目。一楼陈设有陈逸飞2000年完成的雕塑作品《上海少女》。这是将平面油画中上海20世纪30年代女性形象翻成立体雕塑的尝试。少女身着旗袍、手持鸟笼与香扇，唤起人们对于老上海的一种情结。

37层有一个苏式园林的半亩园和观复博物馆，后者常设四馆：瓷器馆、东西馆、金器馆、造像馆。38层则新开了一间“宝库匠心馆”，可以看到多位中国工艺美术大师与国家级非遗传承人的作品——从陶瓷、玉石雕刻、金属工艺、织染绣到唐卡、漆器、竹木雕刻等各大中国传统工艺门类，令人流连忘返，叹为观止。

地址：
上海市浦东新区世纪大道88号

公交、地铁线路：
地铁2号线；公交791路、961路等

TIPS

□双层英伦风巴士，途经金茂大厦、上海中心大厦、环球金融大厦、东方明珠、海洋水族馆、昆虫馆、观光隧道。车票为一日票，每隔8~15分钟就循环陆家嘴一圈，游客可在每个站点不限次随意上下车，深度游览完景点再上车去下一站。

上海展览中心（原中苏友好大厦）

夜幕中的上海被霓虹灯包围，延安路高架通体发着蓝光，有如一条轰鸣着巨响的时光隧道；汽车呼啸而过，人们都来不及看清楚两边高楼上的广告牌，便又有下一道光亮扑进眼帘。

当年仅用10个月就建成的中苏友好大厦不得不说是一个奇迹。

20世纪五六十年代，不要说在南京路附近，几乎整个上海市区的人们都能在晚上准确地捕捉到一颗熠熠的红星——中苏友好大厦尖塔顶端的红色五角星。作为20世纪50年代上海兴建的第一座大型建筑及第一个展览馆，它在上海人心目中有着不可撼动的地位。

中苏友好大厦由苏联中央设计院设计。苏方专家组成员包括中央设计院的建筑师安德烈耶夫、吉斯诺娃夫妇，以及结构工程师郭赫曼，三人都是斯大林奖章的获得者。中方则派出华东建筑设计公司总建筑师陈植、结构工程师蔡显裕、设备工程师赵忠邃等70多名人员，陈植任中方专家组组长。

1954年4月中旬，郭赫曼进行实地考察的当晚，在上海市举办的招待宴上喝醉酒说了大话，“工程5月1日可开工”。第二天，上海报纸上头条新闻刊出，郭赫曼自己也大吃一惊，立刻打电话给在北京的安德烈耶夫。当时，华东建筑设计公司的张乾源、林俊煌、李连霞、刘秋霞等人，已经参与北京苏联展览馆的设计工作，同时跟随苏联专家学经验，为日后上海中苏友好大厦的建设做准备。据张乾源著文回忆，安德烈耶夫紧急召集他们开会说："现在全世界都知道了，所以我们只能靠集体努力，千方百计达到这个目标。"

1954 年 5 月 1 日，中苏友好大厦动工典礼举行。5 月 4 日，工地正式开工。1955 年 3 月初，中苏友好大厦按时完工。整个楼群呈现俄罗斯古典主义建筑风格，局部糅合了巴洛克艺术特点，上海美协的艺术家们设计制作了大量繁琐、华丽的雕刻和花饰。

当年，7 天出图（设计方案图），20 天内开工，仅用 10 个月就建成的中苏友好大厦不得不说是一个奇迹。

1955 年 3 月 15 日，全部 1 万多件展品布置完毕，展览盛况空前。自此，中苏友好大厦成了上海的标志性建筑，是游客心目中的著名景点。经由明信片、文具盒等一系列文化衍生品，其形象走出了上海，甚至走出了中国。

中苏友好大厦的功能也从举办展览向召开重大会议拓展。1968 年，中苏友好大厦改名为上海展览馆，1984 年改为现在的上海展览中心。

2001 年，有关部门对建筑物进行"体检"后实施了大修——首先是加固其结构，使之可以再用 100 年；其次是改造调整其定位，形成"南展北会"的新格局。修复顶端和五星的任务最为艰巨，仅耗费黄金就达5000余克。

2002年2月，上海展览中心终于撩起它的新面纱，以崭新的面貌和勃发的活力迎来了上海市第十一届人大五次会议和市政协九届五次会议的隆重召开。

如今，上海书展几乎每年夏天都在这里举办。人们在这个盛大喧闹的节日里，揣着书，在喷泉广场和拱顶大厦穿行，一抬头就会望见高耸的五星、华丽的吊灯。此外，电影《小时代》曾在这里取景拍摄。

如果说中苏友好大厦值得上海人怀旧的话，那么我们相信，在未来的岁月里，这里依然能再铸辉煌。

地址：

上海市静安区延安中路1000号

公交、地铁线路：

地铁2号线、7号线；公交71路、48路等

TIPS

□静安寺，又称静安古寺，是汉族地区佛教全国重点寺院之一，上海市真言宗古刹之一，上海市文物保护单位。

□上海展览中心附近有一条只有659米的小路——铜仁路。这里有邬达克在上海的收官之作绿房子，《申报》总经理史量才的旧居，从网红变常销的Manner Coffee，在香港超火的日本拉面店豚王，在茶里加烈酒的异域茶馆ZEE TEA……

上海大世界

曾经，到上海来白相的朋友，一定会去大世界转转——没去过大世界的人，算不得来过上海。

“大世界”是城市的一张文化名片。它位于西藏南路、延安东路交叉口，一度被誉为中国文化的“东方之门”。其建筑颇具特点，由 12 根圆柱支撑的多层六角形奶黄色尖塔构成。主楼分别由三幢

非遗文化精粹，是大世界复出后的重点展示内容。

四层高的建筑群体合壁相连，另有两幢附属建筑。始建于 1917 年，创办人是著名商人黄楚九。大世界是上海最大的室内游乐场，素以游艺、杂耍和南北戏剧、曲艺为特色。特别是进门后竖立的 12 面哈哈镜，更成了大世界独有的吸引物。中华人民共和国成立后曾改名人民游乐场，1958 年恢复原名，1974 年改名上海市青年宫，1981 年 1 月 25 日大世界复业，定名为大世界游乐中心。

在旧上海，“大世界”就是最吸引市民阶层的娱乐场所，里面设有许多小型戏台，轮番表演各种戏曲、曲艺、歌舞和游艺杂耍等，中间有露天的空中环游飞船，还设有电影院、商场、小吃摊和中西餐馆等，游客在游乐场可玩上一整天。

一般来说，外地朋友可能会觉得，衣冠楚楚的洋人、精致幽雅的别墅、小资范儿的咖啡、一袭旗袍的美女……就是老上海了。错，真正的老上海，一边是舶来的异国情调，一边是本埠滚烫鲜活的原味生活。所谓人气，所谓老百姓的地久天长，大世界做了极好的示范。大世界这个名字，本身就很能说明问题。

去大世界兜兜，成了上海市民朋友们美好而珍贵的集体回忆，甚至也成为上海直观、形象的旅游资本，扬名海内外。2017 年 3 月 31 日，在上海大世界百年诞辰之际，关门 14 年后的大世界重新开放，再次敲响了新老上海人的心门。修缮一新的大世界，设有戏曲、民乐、舞蹈、创新剧目轮演，不定期开设各种非遗文化活动及课程。其中，传习教室以“传艺、传习、传承”为核心，让市民用各类非遗手工艺，激发灵感，创作出属于自己的非遗文化作品，以此鼓励传习，创新传艺。

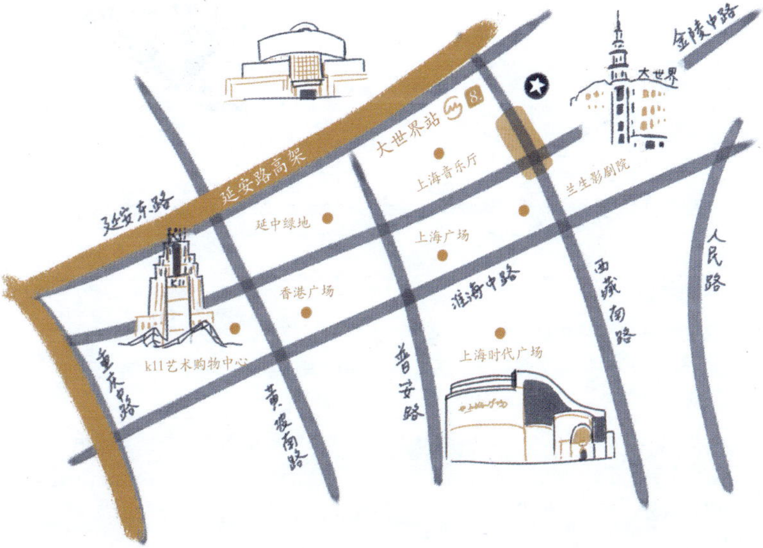

非遗文化精粹，是大世界复出后的重点展示内容。在大世界非遗中国年活动里，人们将非遗传承展示与过年相结合，使市民在非遗文化中感受中国年味，恍若回到昨天。来自河南南阳的烙画师傅，用火烧热烙铁在物体上熨出烙痕作画。刚刚从上海师范大学毕业的年轻姑娘，展示着木版水印的工艺，“我不仅是因为热爱，主要觉得年轻人应该努力传承非遗，别让好东西丢了。”她说。

好一个大世界，依旧好听、好看、好玩；同时，好有“文化”。

地址：

上海市黄浦区西藏南路 1 号

公交、地铁线路：

地铁 1 号线、2 号线、8 号线；公交 01 路、71 路、311 路、454 路、782 路、934 路等

TIPS

□购票需要身份证。不过，无论电子票、实体票，都会通过扫描二维码入场，检票无需身份证。为了能够让广大“票控”留下票根纪念，大世界特设了纸质票打印机。

□周五一周六增设夜场 19:00—22:00，21:00 停止入场，每周三闭馆休整。

上海中福会少年宫

把最宝贵的东西给予儿童，成为让儿童快乐成长的金色摇篮，正是中国福利会少年宫的赤子初心。

它诞生于1953年6月1日，是已故国家名誉主席宋庆龄女士，站在人类历史发展需要和缔造未来的高度，以科学的儿童教育思想创立的综合性、群众性的少年儿童校外教育机构。

一甲子多的岁月，中福会少年宫坚持“实验性、示范性，加强科学研究和对外交往与合作”的办宫方针，用“天天为少年儿童服务”的理念，策划开展了一系列以思想道德教育为核心、以培养创新精神和实践能力为重点的、丰富多彩的公益性少年儿童群众性文化教育活动；首创了“布谷鸟歌咏节”“小孔雀舞蹈节”“戏剧节”和“少年儿童游戏节”等一系列在上海乃至全国颇有影响的少儿阵地活动，在未成年人思想道德教育和全面素质人才培养方面起到了不可替代的作用。

根据4至16岁教育服务对象不同的年龄特点和发展需求，中福会少年宫设立了100多个科技、艺术兴趣小组，在培养少年儿童的兴趣爱好、促进个性健康发展、养成良好的道德行为习惯等方面发挥了少年宫教育特有的功效。著名画家陈逸飞在这里开始了他成为一名“艺术大师”的梦想；黄英在这里向国际大奖冲刺，最终成为全球歌剧界公认的“蝴蝶夫人”；演员孙俪曾是小伙伴艺术团舞蹈组20世纪90年代的组员，之后走上影视道路成为家喻户晓的“甄嬛”……从中福会少年宫走出去的孩子，早已数不清。

提及中福会少年宫的标志性建筑，“大理石大厦”背后的故事不得不说。20世纪20年代至40年代，该楼原系英籍犹太富商埃黎·西拉斯·嘉道理的私邸，嘉道理公馆因其建材使用了大量从意大利进口的大理石，故以“大理石大厦”名号著称中外。富丽堂皇的宫殿，却源起于“悲伤”：1919年，嘉道理原先的住宅失火，妻子也不幸在火灾中罹难。为避免睹物思人，悲恸欲绝的嘉道理带着两个儿子回伦敦暂住，行前委托好友建筑师格莱姆·布朗在今天的延安西路64号上重建新屋。布朗嗜酒如命，每每在喝完白兰地之后，方在图纸上大书豪情，最后竟把只需要供给四五个人住的私人住宅，设计成了大理石之宫。

嘉道理家族入住大理石大厦后不久“二战”开始，大量欧洲犹太人逃难至上海。1938 年，犹太难民涌入上海避难，身为犹太人总会会长的嘉道理在大厦里召集会议，商议采取行动救助难民。一时间，上海所有的犹太社团和社会救济组织都云集在大理石大厦，决定建立“上海援助欧洲难民委员会”联合帮助难民。

现在，大理石的房间，被改为孩子们的学习室，静谧、精美的室内，时时传来孩子们的笑声。嘉道理家族后人每年对半岛酒店新进员工培训时，也会组织新员工来中福会少年宫参观。仁爱、慈祥、温暖的气质，始终伴随着这座儿童的宫殿，宋庆龄女士关爱的目光，仿佛一直都在，至今指引着后人。

地址：
上海市静安区延安西路 64 号

公交、地铁线路：
地铁 2 号线；公交 01 路、20 路、45 路、57 路、93 路等

TIPS

□小朋友们在课外兴趣班学习之余，还可以在勇敢者道路玩一玩，或参加小伙伴俱乐部的活动。

□ 2019 年，修整一新的马兰花剧场将和小观众再次见面。中福会儿童艺术剧院的每一部新戏都将在这里上演，还将有社会开放日活动。

上海市作家协会（爱神花园）

作为上海最有腔调的马路之一，巨鹿路文艺范十足。来这里逛过的朋友，一定对“上海市作家协会”不陌生。静谧的文学殿堂，它是巴金创办的《收获》杂志的编辑部，也曾是魔都爱情圣地之所在——爱神花园。这里有上海唯一一个普绪赫爱神雕塑喷泉，洋房最早的男女主人恩爱一生；爱的主题，是爱神花园最珍贵的灵魂。

著名爱国实业家刘鸿生的胞弟，“煤炭大王”“火柴大王”刘吉生，与妻子陈定贞青梅竹马。在陈定贞 40 岁生日来临之际，刘吉生斥巨资买下巨鹿路675号及681号共4000余平方米的地皮，请著名建筑设计师邬达克设计了一幢花园洋房，算作送给爱妻的生日礼物。浪漫的东方爱情，与西方神话中普绪赫的故事一样迷人，给予建筑大师无穷的灵感。

1931年，刘家花园落成，意大利文艺复兴时代的建筑风格，别具精致风情。最“弹眼落睛”的，是喷泉中央大理石柱上的普绪赫雕像，秀美的少女，被四个小天使围绕，清水芙蓉，叙不尽的柔情蜜意。洋房一楼由举行宴会（舞会）的主厅、客厅、餐厅、休息区、厨房、卫生间等功能性的区域组成，装饰华美；二层有卧房、起居室和书房；三层都是卧房；假四层则是储藏类用房，整体布局合理。值得一提的是，洋房内螺旋形楼梯内侧南北面栏杆的铁艺图案中，暗藏了女主人的小心机——那是陈定贞特地让邬达克设计的刘吉生的英文名缩写——“K.S.L”。

花园美，情义深，另有温室花房及网球场陶冶情操、锻炼身体。不过，在爱神花园生活了十几年后，刘吉生阖家迁居香港。1952年，刘鸿生将爱神花园捐赠给了上海市作家协会。至死，刘吉生夫妇依旧恩爱，两人去世后，合葬于加拿大蒙特利尔，永远厮守在一起。

曾经的爱神花园，不仅记录了不朽的爱情，也见证了历史更迭，沧桑岁月。如今，每天出入上海市作家协会者，不乏文坛的大人物——说不定在某一天，你就能偶遇上海作协现任主席王安忆。爱神花园已经成为上海的一个标志性文化设施和文学活动中心，作协的各种组织常年在此举办文学论坛、作品推介、学术研讨、文化交流、艺术表演、培训讲座等活动，竭力为所有作家会员提供良好服务，同时也为广大文学爱好者提供优质的文化产品。

在洋房二楼的走廊尽头，原来的书房现为作协的一间办公室。有一年，一个小朋友看见房间外面的阳台，大叫一声：这不是《罗密欧与朱丽叶》的阳台嘛！的确，越过彩绘的玻璃窗望去，外面真的宛若只有在莎士比亚戏剧舞台上才会出现的场景。过去，现在，对爱人的感情，对文学的感情，打破时空界限，闪烁恒久的光芒。

地址：
上海市静安区巨鹿路 675 号

公交、地铁线路：
公交 24 路、104 路、41 路、48 路、71 路、925 路等

TIPS

□传闻，邬达克很想用普绪赫的故事来创造一个庭园建筑样式的范本，刘吉生和陈定贞的爱打动了他，夫妇俩的委托，不啻良机。因此，普绪赫雕像由邬达克出资购买，赠予刘家。

□作协门口有自己的书店——作家书店。书店楼下是一排排宽敞的木质书架，楼上则是融咖啡、图书、文创为一体的阅读空间。作家书店有丰富的作家资源，不时举办各类读书活动和沙龙，让作家和读者多互动。

马勒别墅

露台、别墅、玻璃花房；

马卡龙、红丝绒、鹅肝慕斯；

再配上一杯地道的英伦红茶或是手磨咖啡……

英国人说：当下午茶的时钟敲响四下，世间的一切皆为茶而停。

马勒别墅的下午茶，绝对值得让你停下一切。虽然地处大都市最繁华的中心地带，它却能闹中取静，堪称魔都的“世外桃源”！奢华的银制茶具和汉光瓷，精美的英式茶点搭配香醇的锡兰红茶，时光在那一刻似乎倒转。

马勒别墅，又称“马勒住宅”。它的主人是英籍犹太人马勒。据说建造别墅的起因是因为马勒的女儿做了一个美妙的梦。随后，马勒根据女儿对梦境的描述，请人设计而成，经过近 10 年的打磨，1936 年，马勒最终为女儿打造出了一座真正的梦中城堡。这个美梦成真的故事也在上海成了尽人皆知的美谈。

整幢别墅是典型的斯堪的那维亚情调的挪威风格建筑。其主楼南立面上还有三个垂直于主屋脊的造型优美、装饰精细的双坡屋顶和四个尖顶凸窗，外墙用泰山面砖砌贴，突出的平台栏杆砖柱上设置一个个绿色圆球，屋顶上还耸立着多个壁炉烟囱。连同东西两座四坡屋顶交织在一起，宛如一座华丽的小宫殿。

在马勒别墅的花园内，立着一尊铜马雕塑，因为马勒是靠赌马起家。但马勒后来从事代理航运业务，创办了造船厂，这家造船厂就是今天沪东造船厂的前身。所以这栋小宫殿不少装饰元素都与船有关，像是船舷形的窗户、地板上拼出的海草、海带图案，等等。

其室内装饰更是豪华，到处是木护壁、木平顶，并用木板镶拼各种图案，虽然不是木雕图案，但很精致耐看。木地板根据各个房间镶拼各种图案，犹如一块块编织的地毯。每层楼梯口均设有采光天窗。最让人称道的是，主楼梯间圆形天窗上由彩色玻璃构成的穹顶，阳光透过玻璃穹顶在室内呈现出斑斓柔和的色彩，即使阴天室内也是一片通亮。

只可惜，别墅建成后不久，就遇上了日本侵华战争。为躲避战乱，马勒一家不得不离开这个梦中的城堡。1941年日本人进入租界后，别墅成了日军的俱乐部。抗战胜利后，这里又成了国民党的办公地点。

时光流转，中华人民共和国成立后，马勒别墅成为共青团上海市委办公场所。直到1989年，它被列入上海市首批优秀近代建筑保护单位。

如今，马勒别墅已被改建成小型精品酒店，于2002年5月正式对外经营，命名为“衡山马勒别墅饭店”，普通人终于可以以消费者的身份进入这神秘的别墅一探究竟。

地址：
上海市静安区陕西南路30号

公交、地铁线路：
地铁1号线、10号线、12号线；公交24路、104路等

TIPS

□下午茶时间是周一至周日每天下午2点—5点；套餐价格上须加收15%服务费。

□马勒别墅所处的陕西南路，被称为上海最有味道的一条路。不管是那巷口的水果店、街头的摆摊手艺人，还是新晋的网红打卡店，陕西南路总以一种特有的姿态，在向所有的上海人展示它的与众不同。

女青年会大楼

女青年会大楼建于1933年，由美籍华人建筑师李锦沛先生设计。其外观带有装饰艺术派风格的影响，装饰纹样具有中国传统特色。立面勒脚为石刻莲瓣须弥座，窗裙和压顶饰假石回纹，入口门楣为石刻勾头滴水批担。室内饰藻井式天花及仿和玺彩画，精致灵巧。

1923年，中国传教士华铨夫人等创建中华基督教女青年会全国协会。该协会是中国第一个女青年会组织，旨在联合全国女青年会组织，提高妇女地位，保障妇女权益。协会还是宋美龄的第一个就职所在地，当时的她是上海基督教女青年会英语教师。1930年，协会通过社会募捐和赠款，购得圆明园路55号（今133号）地块，自建高层会所，建筑高八层（现已加盖至九层），为钢筋水泥结构，坐西朝东，1933年10月7日举行开幕仪式。

除中华基督教女青年会全国协会外，大楼曾进驻中国征信所、谭垣和黄耀伟建筑事务所、中国建筑研究学院、捷克领事馆、中央宣传部国民印刷所、上海市政工程设计院等机构。1957年，大楼由房产部门管理；1994年，大楼由上海市人民政府公布为市级优秀近代建筑保护单位。

说起女青年会大楼，就不得不提及外滩源。外滩源不等同于外滩，它位于苏州河、黄浦江交汇处，扼守了外滩与苏州河南岸的交通要道。在时间上，外滩源拥有外滩地区最早建成的一批历史建筑；在空间上，外滩源是外滩的起点。20世纪初至30年代，外资银行在外滩兴起的同时，各国商会、教会、领事馆和报刊出版局等，亦纷纷落户外滩源。外滩成了上海的金融中心；外滩源成了外商居住、办公、商业、文娱的重要场所。如果说外滩是洋气而魔性的，那外滩源则是将怀旧与现代进行了完美的融合。

立面勒脚为石刻莲瓣须弥座，窗裙和压顶饰假石回纹，入口门楣为石刻勾头滴水批担。

一起去看看外滩源上的老房子，老上海的往事，近在眼前。比如今日的“外滩源壹号”，曾经是英国领事馆，维多利亚女王时代的建筑风格。2008年，一个大型的修缮方案实施之后，“外滩源33号项目”浮出水面，原英国领事馆及其领事官邸被标为了1号楼、2号楼，北侧的原教会公寓是3号楼，加上4号楼的原新天安堂、5号楼的原划船俱乐部以及公共绿地，形成了一方别致的清幽天地。兰心大楼建造在上海最早的剧场——兰心戏院旧址上。1866年建造的兰心戏院为木结构，1871 年 3 月 2 日不幸被大火焚毁；1872 年，旧址重建豪华型砖木结构的新戏院，属上海最早的近代西洋风格剧院建筑。1931 年，兰心大楼于圆明园路 185 号竣工，当时国民政府外交部驻沪办事处就设在此处。圆明园公寓建于 1904 年前后，由近代上海知名建筑师事务所爱尔德洋行设计，主体为四层砖木混合结构，局部有钢筋混凝土框架，清水砖墙、砖雕，整个建筑表现出典型的英国安妮女王复兴风格，是上海最早的英式公寓……

综观外滩源地块，最大的特征在于其无可比拟的多元性，这种多元性不仅体现在表象的建筑外观，也体现在深层次的、各种文化资源的集中。百余年的发展，

是百余年的历史和梦。

地址：

上海市黄浦区圆明园路 133 号

公交、地铁线路：

公交 21 路、220 路、147 路、37 路、64 路等

TIPS

□外滩源有 14 幢历史建筑保护单位，包括安培洋行大楼、青年协会大楼、光陆大楼、真光大楼、亚洲文会大楼等。

□中山东一路 31 号的半岛酒店，下午茶出名，至少在仪式感上，符合维多利亚时代的传统。

从 2018 年初到 2019 年初，路过武康路如同路过一个大工地，而今，这里的架空电线入地工程终于全面完成，围绕在半空多年的“蜘蛛网”一扫而空，95 年历史的武康大楼再度成为城中热门打卡地点，美照如云，不再有东拉西扯的电线碍眼了。

之所以说“再度”，是因为武康大楼早就不是第一次成为网红了——几年前，因为电影《喜欢你》的最后一幕拍摄于武康大楼顶层，武康路也顺道红了一把：从武康大楼阳台望出去的上海，不知道满足了多少人对于梧桐洋房的美好向往。

再往前，武康路也不是没有红过：张爱玲的小说《色·戒》里，易先生给王佳芝买钻石之前，两人就在福开森路上的公寓密会。这个“福开森路”，就是今天的武康路。当年它以美国传教士“约翰·福开森”命名，全城的达官贵人、政要富商，都喜欢居住在福开森路；如今它亦是全上海知名的“名人路”，短短 1183 米的武康路上，浓缩了上海近百年历史——巴金、黄兴、郑洞国、唐绍仪、周作民、赵丹、郑君里、王人美等诸多名人都曾在此居住。不仅如此，武康路上还汇集了 14 处优秀历史建筑、37 处保留历史建筑，堪称一步一景，随意一拍都是一张标准的海派明信片，成为网红真是毫不奇怪。

武康大楼更是网红中的网红——它的设计师就是鼎鼎大名的邬达克。不仅船形建筑独树一帜，95 年的历史中，赵丹、王人美、秦怡、孙道临、郑君里、王文娟等文化名人也都在此居住，留下了上海独具的文艺气息。

比武康大楼还年长两岁的秦怡，今年已经 97 岁高龄了。在人们的记忆中，秦怡总是那样，美得一丝不苟，恬淡的笑容在岁月打磨下越发闪耀出动人的光芒。她说：“我已经 90 多岁了。人生就好像一个时钟，总有停止的时候。但我觉得自己还有很多事要做，不想停下来。从精神上说，无论什么情况下，我都尽量保持开朗、乐观。50岁时，我就设法保持三四十岁时的精神状态；60岁时，又要努力体现四五十岁的精神状态。一个人只要精神上乐观，就会始终充满青春的活力。”

这份活力，是秦怡的，也是武康大楼的。走在武康路上，不时可见历史悠久的洋房，也不时可见新开的咖啡店，老洋房与新网红交相辉映，焕发出全新的生命力——376号的“武康庭”，就有“迷你新天地”之称，吸引年轻人竞相前来打卡。

“落叶不扫”之后，原本就幽静的武康路更添风姿。不如放下手机，先别忙着打卡，忙着自拍，好好感受这条“名人街”的韵味。

地址：
上海市徐汇区淮海中路1850号

公交、地铁线路：
地铁11号线；公交923路、920路、911路、926路等

TIPS
□武康路395号的一幢黄色洋房，曾经是上海电影演员剧团的阵地，著名电影演员金焰、白杨、张瑞芳、秦怡等，都曾在此留下足印。
□武康路上最知名的故居，要数113号的巴金故居：巴金就是在这里写下了《随想录》，此处也成为他生活时间最长、创作生命最丰盛的所在。

复兴坊

复兴坊建于 1928 年，当时因为所在的复兴中路属于法租界，旧称辣斐德路（Route Lafayette），故原名辣斐坊，1949 年后因路名改称复兴中路而相应转用今名。复兴坊住宅为砖混结构，属新式里弄建筑，95 幢楼房里住了不少名人。

最知名的就是廖仲恺的夫人何香凝，1927年到1937年间在辣斐坊8号居住，还在这里设立中华妇女抗敌会。1932年1月28日淞沪抗战爆发后，驻守上海的国民党第十九路军，违抗国民党政府的不抵抗命令，奋起抵抗日本侵略军。何香凝闻讯后热泪满襟，不顾自己体弱多病投入了支援第十九路军的活动。战斗爆发的当夜，何香凝即电话通知有关人员，约定次日召开会议商量支援办法。1月29日下午，何香凝在辣斐坊的寓所召开了由医护人员、慈善团体、工商界的负责人和知名人士参加的会议，共同商议支前、慰劳和救护事宜。

“七君子”之一、上海滩著名的女律师史良，1932年曾在这里的1号开办律师事务所。她接手的第一个案件是一桩民事纠纷，经诉讼取得成功，并获得酬金500大洋。当年，史良在律所的办公桌上摆放着一个银盾，上面镌刻“人权保障”四个大字，以此自勉。有很多被欺压、受冤屈的妇女纷纷前来求助，史良总是全

1928年兴建的复兴坊住宅为砖混结构，属新式里弄建筑，95幢楼房里住了不少名人。

力以赴，用法律武器帮助这些无助的妇女，她也因此被赞誉为“妇女代言人”。

解放前住在 18 号的龚家，出了一个巴黎大学毕业的医学博士龚寒梅。当年宋子文在上海时得了阑尾炎，就请了这位龚医生去开刀。刀开得很好，宋子文送上不菲的诊费——一根大金条，惊动了上海滩的多家小报，龚医生也成了弄堂里的名人。

如今的复兴坊，是上海市优秀历史建筑，90 多年的人文历史使其在梧桐掩映的复兴中路上成为一处低调又有腔调的景点。

地址：

上海市黄浦区复兴中路 553 弄

公交、地铁线路：

地铁 1 号线、10 号线、12 号线、13 号线；公交 24 路、104 路、974 路、933 路、869 路等

TIPS

□复兴公园：位于雁荡路 105 号，东邻重庆南路，南临复兴中路，西近思南路，北与科学会堂等为界。是上海唯一一座保留法国古典式风格的园林，也是近代上海中西园林文化交融的杰作。

上海京剧传习馆

京剧界素称“北有梅兰芳，南有周信芳”。周信芳（1895—1975），浙江慈城人，6岁拜师，7岁登台，13岁就成为戏班中的主角，被称为“七龄童”，因谐音得艺名“麒麟童”，唱腔称为“麒派”。

周信芳一生刻苦，对艺术执着追求。他每天演完戏回到家，总要到午夜12时左右，临睡前还坚持看书读报，第二天一早又开始吊嗓子练功了。“夏练三伏，冬练三九”，数十年如一日，因而始终保持艺术青春。

周信芳在上海的故居有两处，一是长乐路788号，现为民居；另一处便是岳阳路168号，曾是上海京剧院的旧址，2017年改建成上海京剧传习馆。

如今走进岳阳路168号，一进门就能看到大院中央树立的京

这栋楼作为上海京剧院驻地，见证了国粹京剧多年来在上海的发展。

剧大师周信芳的铜像。“文戏是有戏无曲不传，武戏是有武艺无人物不传。”时至今日，周信芳“戏以曲传”的经验之谈亦未过时。

建成后的京剧传习馆包括大师工作室、名家传承室等。1号楼作为京剧艺术陈列馆将发挥展览展示作用，3号楼一层设有为戏迷、观众量身定制的互动体验中心，与京剧相关的服饰、造型、道具等的互动体验都将安排在此；二层是有100座位左右的小剧场沙龙；三层为培训教室。这里将成为向社会公众普及京剧艺术的传承基地。

说到京剧普及，就不得不提一个人——当代中国第一京剧女老生、在京剧界有海上“小冬皇”之称的“瑜老板”王珮瑜。

面对京剧的“没落”与观众的“青黄不接”，王珮瑜觉得，传承重要，传播同样重要。京剧要发展必须走向市场，必须在剧场里实现观众的更新换代。于是，她“摸着石头过河”，一步一步走上了京剧普及之路。

10年来，她做导赏，搞培训，做传播。她开设“瑜乐京剧课”：去学校，去机关，去企业、社区、图书馆包括寺庙举办讲座。她设计推出了京剧知识普及教材及课件，策划出版了“三分钟京剧小灶”（漫画故事）。

王珮瑜坚持以年轻人喜闻乐见的方式来演绎京剧。她曾说："这个世界上有两种人，一种是喜欢京剧的人，另一种是不知道自己喜欢京剧的人。"这两种人中都有她的大量粉丝，前者是戏迷票友，后者则是她个人粉丝——王珮瑜宣传京剧的重要发展对象。

如今，京剧传习馆的改造，不仅激活了这段历史记忆，也把此地与周边的上海中国书画院、上海工艺美术博物馆、普希金像三角花园、宋子文旧居等人文景观相串联。市民既可在行走间感受文化脉络，也可进门去品一品国粹，赏一赏雅乐。

地址：
上海市徐汇区岳阳路 168 号

公交、地铁线路：
地铁 1 号线；公交 167 路、198 路、42 路等

TIPS

□岳阳路是上海 64 条永不拓宽的街道之一，以幽静而富有文化气息著称。高大茂密的梧桐掩映着几乎整条街道，即使是在最炎热的夏日，路上依然十分凉爽。

□岳阳路 113 号，一幢建于 1930 年的英国乡村式花园别墅，占地面积 4500 平方米。这里曾是"桐油大王"，民族工业界的翘楚沈瑞洲的旧居。

□上海是宋子文出生的地方，他在这里坐拥多处豪宅，最具代表性的有岳阳路 145 号、永嘉路 501 号、东平路 11 号和虹桥路 1430 号。

和平饭店

那时候的和平饭店，简直就是一个联合国办公室。

照陈丹燕说的，“维也纳来的咖啡，纽约来的黑色丝袜，巴黎来的香水，德国来的照相机，葡萄牙来的雪利酒，彼得堡来的白俄公主，全部陪衬了一个欧洲人在上海发迹的故事”。

他是犹太人，靠着双拐，步出 11 楼的露天阳台，就能俯视魔都最私人的风景——上海滩顶级的饭店里，顶级的房间，理所应当地，属于这里的主人。

维克多 · 沙逊，即老底子上海人口中的“跷脚沙逊”。1923 年抵沪主持业务，除贩卖鸦片、军火外，还扩大房地产投资，风光无限，腰缠万贯。1929 年，沙逊构思并创建了名为“华懋饭店”的酒店，即和平饭店北楼。华懋属芝加哥学派哥特式建筑，楼高 77 米，共 12 层。外墙采用花岗岩石块砌成，由旋转厅门而入，大堂地面用乳白色意大利大理石铺成，顶端古铜镂花吊灯，豪华典雅。

和平饭店南楼原为汇中饭店，是仿文艺复兴时期的均衡式公寓建筑，立面彩红砖做腰线，白墙砖做贴面，风格庄重。南楼既目睹了万国禁烟会的举行，也见证了蒋介石与宋美龄的订婚晚宴——至今，“美庐厅”还保留着，红木护墙板和其上漆金小花纹，倍增尊贵气派，瞧着也很是别致。

2010 年，历经三年修缮，新和平饭店重出江湖。闻名遐迩的九国特色套房延续传奇；施坦威钢琴的音符从茉莉酒廊的下午茶，一直飘到浸淫悠扬爵士乐的枫木弹簧地板上，活泼趣致地跳跃着……这座曾经的“远东第一楼”，以细节和史实为经纬，交织人物与往事，构成一部亦真亦幻的建筑生命史；和平饭店在时光穿梭中往复回荡的风景，也是上海近现代缄默却不息的记忆。

外滩啊外滩，岂止一个和平饭店呢！外滩 1 号从麦边洋行 + 亚细亚火油公司到上海市冶金设计院到中国太平洋保险公司总部；2 号从上海总会大楼到日本海军武官府到国际海员俱乐部到东风饭店到华尔道夫酒店；3 号从有利大楼到顶级餐厅 + 艺术殿堂……29 号从东方汇理银行大楼到东方大楼到光大银行上海分行；32 号从英国驻沪总领事馆到上海市政府机关事务管理局用房到半岛酒店；33 号从原英国领事馆主楼到外滩源壹号……万国建筑博览群，比伦敦更伦敦，比巴黎更巴黎，比东京更东京。但，它们终究化成了上海的一部分，让上海更上海，让这座相对更年轻的城市，横跨欧亚，且努力地超脱于欧亚，在东西方文明里，不断寻求更合适的平衡。

时光荏苒，物华未衰。

地址：

上海市黄浦区南京东路 20 号

公交、地铁线路：

地铁 2 号线；公交 147 路、33 路、37 路等

TIPS

□中山东一路 12 号现为上海浦东发展银行。原系汇丰银行大楼，被认为是中国近代西方古典主义建筑的最高杰作，同时也被称为“从苏伊士运河到远东白令海峡最讲究的建筑”。

□中山东一路 13 号现为上海海关。1857 年，外国人在此地建成一座中国衙门式的关署。1891—1893 年翻建成哥特式的红砖建筑，有 33 米高的钟楼。大钟仿美国国会大厦的大钟而制，是亚洲第一大钟，也是世界著名大钟之一。

□中山东一路 14 号现为上海市总工会。最初是老牌英资企业宝顺洋行的产业。1928 年，随着全国政治中心从北京转移到南京，交通银行将总行迁到此处。

□中山东一路 17 号现为友邦大厦。1924 年，由《字林西报》投资的字林大楼建成，一部分报社自用，其余出租，最主要的承租人是处于创业阶段的美资友邦人寿保险公司。

百乐门

读过白先勇小说《永远的尹雪艳》的人，一定会对那座“远东第一乐府”百乐门印象深刻。

1932 年，中国商人顾联承投资 70 万两白银，购静安寺地营建 Paramount Hall，并以谐音取名“百乐门”。当时百乐门的常客有张学良，陈香梅与陈纳德的订婚仪式在此举行，卓别林夫妇访问上海时也曾慕名而来。开幕后不久，百乐门就面向社会招聘舞女，当时，舞女的月收入高达3000至6000元，是普通职员的10倍以上。

白先勇最初创作《永远的尹雪艳》，正是因为年少时住在上海，有一次路过百乐门时，见一群舞小姐婀娜地款步而入，感叹“那种无与伦比的翩然风姿，真是踏遍全世界都再找不到，怕是只有在大上海，这方百年来浸润于中西文化的灵气之地，才能吸纳、融合、培育出这样精致的美人”。

“上海人的精致不在于奢华或高档，哪怕普通生活也会很讲究，把生活弄得很有味道。这是上海骨子里的东西。”2013年，导演徐俊将《永远的尹雪艳》改编成了沪语版话剧，在文化广场公演后一票难求。还曾出现过200多名女观众身穿旗袍组团观演的盛况。

当舞台上的尹雪艳幽幽地打开折扇，用上海话说出一声“侬好呀”，那些在上海城市血液里流淌了数百年的东西，就这样复

上海还有这么一个地方，弥漫着老上海的气息，还有似乎从80年前传来的旋律……

活了。

如今提起上海，很多人都会想起它的高楼大厦，它的现代化和国际化，但百乐门的存在却在提醒我们，上海还有这么一个地方，弥漫着老上海的气息，还有似乎从 80 年前传来的旋律……黄包车、爵士乐、高衩旗袍，空气里弥漫着 80 年前老上海的气息，这里就是百乐门。

2017 年，这座当年的“远东第一乐府”修旧如旧后重新开业，一时间，前来一睹百乐门风采的人群，排队排了足有一公里长。人们纷纷争相穿越回 20 世纪 30 年代的老上海，感受曾经的“上海摩登”。

地址：
上海市静安区愚园路 218 号

公交、地铁线路：
地铁 2 号线、7 号线；公交 94 路、830 路、838 路等

TIPS

□百乐门建筑共三层。底层为厨房和店面，二层为舞池和宴会厅，三层为旅馆。

□话剧中饰演尹雪艳的是徐俊的师妹黄丽娅，徐俊带她去见白先勇，白老师一看，削肩水蛇腰，眼睛会说话，她就是尹雪艳！

张爱玲旧居

“公寓是最合理想的逃世的地方。厌倦了大都会的人们往往记挂着和平幽静的乡村，心心念念盼望着有一天能够告老归田，养蜂种菜，享点清福。殊不知在乡下多买半斤腊肉便要引起许多闲言闲语，而在公寓房子的最上层你就是站在窗前换衣服也不妨事！”

早在《公寓生活记趣》里，张爱玲就高调宣布了她对上海公寓生活的爱。如今提到她在上海的旧居，最有名的莫过于常德路195号船形的爱丁顿公寓，楼下的咖啡馆曾是她诸多名篇的诞生地。

不过，真正说到张爱玲在上海的“旧居”，还得属她的出生地：康定东路87弄3号宅。

这栋小洋楼原本是李鸿章给予女儿的嫁妆之一。1920年9月30日，张爱玲就出生在这里。两岁时，因母亲远渡重洋，才搬去她在天津的第一个家。相比于天津老宅“春日迟迟的空气”，康定东路的家有点像是乱世——9岁时，随着父母的一纸离婚协议，她与父亲再次搬回了康定东路老宅。这一回一起搬来的，还有父亲新娶的姨太太。这老宅曾见证了一代才女的出生，却也带给她深深的阴翳：“我就是在那房子里生的。房屋里有我们家太多的回忆，像重重叠叠复印的照片，整个的空气有点模糊。有太阳的地方使人瞌睡，阴暗的地方有古墓的清凉。房屋的青黑的心子里是清醒的，有它自己的一个怪异的世界。而在阴阳交界的边缘，看得见阳光，听得见电车的铃与大减价的布店里一遍又一遍吹打着《苏三不要哭》，在那阳光里只有昏睡。”

在她眼里，父亲的家和留有母亲的空气的姑姑的家，是截然不同的两个世界，母亲的一边充满着先进的思想、文艺的气息，象征着“精神上与物质上的善”，而父亲的家却是鸦片氤氲，如同章回小说一般，“懒洋洋灰扑扑地活下去”。

她对自己的人生做出了“海阔天空的计划”，“中学毕业后到英国去读大学，有一个时期我想学画卡通影片，尽量把中国画的作风介绍到美国去。我要比林语堂还出风头，我要穿最别致的衣服，周游世界，在上海自己有房子，过一种干脆利落的生活”。

然而她却不幸被父亲软禁起来，哪怕得了痢疾几乎要病死。终于，在一个夜里，张爱玲如同越狱一般逃出了自己的家，投奔母亲而去。随后，她发奋努力，准备考伦敦大学，好不容易考上了，却因为战事爆发，无法去英国留学，只得转道香港大学，同样因为战事，港大的学业也未能完成，回到上海滩。

时运弄人。然而上海于张爱玲终究是可亲的。在《到底是上海人》里，她写道："上海人是传统的中国人加上近代高压生活的磨练。新旧文化种种畸形产物的交流，结果也许是不甚健康的，但是这里有一种奇异的智慧。"

上海作家淳子曾花多年时间寻访张爱玲的上海遗迹，"我忽然领悟到，张爱玲对我意味着什么，张爱玲和我们上海的这座城，就像狄更斯和伦敦、雨果和巴黎、乔伊斯和都柏林。"淳子说，"只要你读过张爱玲的作品，你就会和我有一样的感觉，你可以根据张爱玲的文字，拼贴出一个上海。这就是张爱玲的魅力。"

地址：
上海市静安区康定东路 87 弄

公交、地铁线路：
地铁 13 号线；公交 68 路、23 路等

TIPS

□除了康定东路和常德路，张爱玲还曾在黄河路卡尔登公寓（今长江公寓）301 住过一段时间。

□如今的康定东路老宅是"石门二路社区文化中心"，还保留了一间"张爱玲书屋"。

中唱小红楼

衡山路 811 号，一片树影之间隐居着一栋建于 1921 年的三层法式小洋楼，被亲切地称为“小红楼”——20 世纪 30 年代，法国百代公司购入此地，成立东方百代唱片公司，上海的首座现代化录音棚就曾建在此地。中华人民共和国成立后，这里又成为中国唱片公司的所在地——悠久的历史和独特的意义，使得今人一走近这栋小红楼，就仿佛听闻到了仙音袅袅。

《夜来香》《玫瑰玫瑰我爱你》……一听名字，耳边就响起了熟悉的旋律。20 世纪三四十年代，红歌星如白虹、姚莉、周璇、李香兰、白光、吴莺音、张露，都会在这栋小红楼里一一闪现，又一一消隐。

“当代名歌全归百代，影坛俊杰尽是一家。”这句当年的百代公司宣传语，口气虽然很大，却一点也没有夸大。大家最熟悉的“金嗓子周璇”，自然也是百代的宠儿，小红楼的常客。

如今，小红楼里依然陈设着周璇的大幅照片，和她同时代的女歌星一起，笑靥如花。在她悲苦的一生里，可能唯有在小红楼放声歌唱的时候，是纯粹快乐的，沉浸于歌唱中的她，与尘世的辜负和背叛隔离开来，获得片刻的宁静。

其实周璇本生在一个小康之家，不幸于幼年时被亲舅舅拐卖，收养她的家庭也在她成名后将她视为摇钱树反复压榨。

好在，天生丽质难自弃，周璇从小爱唱歌，在学校里的唱歌成绩也总是第一名。养母将她送去流行曲鼻祖黎锦晖创立的中国第一个歌舞团“明月歌剧社”，在那里，她担任了歌舞剧《特别快车》的主演，并演唱了主题曲，还被灌录成唱片，由此在歌坛崭露头角。

被养父母命名为“周小红”的她，也是在演出了救国进步歌剧《野玫瑰》之后，因为主题曲《民族之光》中的一句歌词“与敌人周旋于沙场之上”得到了众人的好评，而被黎锦晖提议改名为周璇。

1934 年初，在第一任丈夫严华的推荐下，周璇进入了新华歌剧社，受到外界更大的关注，一时间，上海的“友联”“新新”“青鸟”等电台也常邀请她去播唱，百代和胜利唱片公司还把她演唱的《五月的风》《叮咛》等多首歌曲灌制成了唱片。同时，周璇在上海各电台联合举办的歌星比赛中名列第二，并由此获得了“金嗓子”的称号。鼎盛时期，她和龚秋霞、白光、李香兰、姚莉、白虹、吴莺音并称上海七大歌星。

不过“金嗓子”周璇也有自己的缺点：她虽然声音圆润甜美，声量却不够大。当时的小红楼录音室已经采用了先进的电声扩音设备，当周璇在麦克风前完成演唱之后，电声扩音再将之放大，两者结合，取得了更好的效果。

周璇是中国现代音乐史上录制唱片最多的歌星。

地址：

上海市徐汇区衡山路 811 号

公交、地铁线路：

地铁 7 号线；公交 824 路、830 路、923 路等

TIPS

□ 1935 年，上海电通影业公司影片《风云儿女》的主题歌《义勇军进行曲》也是在这里灌制的，1949 年 9 月 24 日，中国人民政治协商会议定该曲为代国歌。

□戏曲表演艺术家梅兰芳、谭鑫培和影星阮玲玉都曾在此留声录音。

愚园路历史名人墙

从 1860 年开始修筑，到公共租界 1918 年拓路完成，上海的这条马路，前后打造竟有 58 年之久。

从 1918 年拓路完成，到 2018 年，上海的这条马路，已走过一个世纪的风风雨雨。

一条马路，竟然拥有自己的微型历史展览馆；一条马路，又居然拥有自己的专属纪录片——在全国，你可能都找不出第二条

一条马路，竟然拥有自己的微型历史展览馆；一条马路，又居然拥有自己的专属纪录片。

这样的马路了。它就是上海的愚园路。

在100周年“诞辰”之际，愚园路迎来了它的三集纪录片《愚园路》：这部由从小在愚园路长大的解放日报社副总编徐锦江同名原著改编而来的纪录片，就像一只回忆的匣子，装载了愚园路的世事变迁。

看完纪录片，再去逛逛愚园路，你会发现每座建筑都在对你讲述旧日的传奇——这是了解愚园路的人才能听懂的暗语。

再往前走，就能看到愚园路上的微型历史博物馆：告诉你蔡元培、傅雷、张爱玲、施蛰存、陈鹤琴等人曾经留在这里的故事。

当年张爱玲尚未成名时，因喜看鸳鸯蝴蝶派的刊物《紫罗兰》，特意带着自己的作品拜见鸳鸯蝴蝶派代表人物周瘦鹃。周瘦鹃的“紫罗兰庵”，就位于愚园路608弄94号公寓。投石问路之后不久，张爱玲的作品《沉香屑·第一炉香》和《沉香屑·第二炉香》

就得到周瘦鹃赏识刊载了，从此一举成名。

和“紫罗兰庵”同样有着雅致名字的，还有愚园路上的“兰畹”——小小的一块牌匾，稍不留意就会错过——但如果你知道谁曾住在这里，就一定会进去看看：根据名字猜一下，倒也不难，这里正是京剧泰斗梅兰芳大师曾经小住过的地方。

愚园路576弄的“四明别墅”，也有一位赫赫有名的住客黎锦晖——这位中国流行音乐之父，在1927年创作出了中国本土的第一首流行歌曲《毛毛雨》，传唱至今已快一个世纪。在半个世纪前的中国，几乎人人都听过他写的歌。由他组织的“明月歌舞

团”招收了白虹、周璇、英茵、黎莉莉、王人美等多位知名女歌手，她们主唱的电影插曲更是流行千家万户。

百年愚园路，像这样的名人故居数不胜数。最近，在愚园路1088弄宏业花园里，又诞生了一个“愚园路公共市集”，市集内不仅有上海传统点心店、社区菜市场，还有致敬老上海匠人的摊位，别处渐渐见不到的配钥匙摊、修伞摊、修鞋摊被一一还原，仿佛穿越历史。走上二楼，还有“粟上海社区美术馆”为市民提供精神食粮。

地址：

上海市长宁区愚园路 1065 号

公交、地铁线路：

地铁 2 号线；公交 923 路、737 路等

TIPS

□名人墙旁边设有一台老式电话“德律风”，取下听筒，仿佛穿越时空一般，可以听到来自半个多世纪前的上海市井之声。

□在愚园路公共市集，老年人凭借老年卡或身份证可以享受餐点折扣优惠。

上海市向明中学

说起淮海路，那是最繁华的商圈之一，是上海的心脏，一条堪与巴黎的香榭丽舍大道、纽约的第五大道、东京的银座、新加坡的乌节路媲美的大街。

网上有人戏称，走在这条路上的一般是三种人：第一种是游客；第二种是工作人员；第三种便是向明中学的学生，每天下午4点，背着书包的他们构成淮海路上一道亮丽的风景线。

无论是1990年的《卢湾区地名志》、1998年的《卢湾区志》，还是2002年、2012年声势浩大的建校100周年、110周年纪念活动，向明中学“前身为震旦大学附中，由清末著名教育家马相伯先生于1902年创建”的表述，似乎成为一项共识。

1902年，学校由著名爱国教育家马相伯先生创建。向明中学的前身原是一所超赞的女子大学——震旦女子文理学院。知名学者钱锺书先生曾于1941年在此任教，杨绛先生的妹妹杨必（著名翻译家）是其学生。

20世纪30年代末，邬达克为震旦女子文理学院设计了一座哥特式建筑，与他之前的作品中西女塾（现市三女中）异曲同工。但后来他调整方案，设计了一座纯粹现代风格的教学楼，又和他同时期另一件杰作——绿房子，有很多相似之处。

就算后来震旦女子文理学院随震旦大学并入复旦大学和交通大学，邬达克设计的大楼如今仍是向明中学教学楼。

1954年，向明中学得到原校舍西侧的一块空地并辟为操场，校门从长乐路移到瑞金一路151号；后因修建地铁13号线，它的校门又移回长乐路上。目前它分为本部和国际部，在长乐路和瑞金一路都有校门。如同校园内一幢1939年4月建成的教学楼，几经更易之后，又于2013年恢复了历史原貌。

作为沪上百年名校，首批市实验性、示范性高级中学，闹中取静的向明中学格外磨练学子的品德素质。享有得天独厚的经济、人文资源环境，构成向明中学中西文化交汇，演绎海纳百川胸怀的同时，也造就了向明开放自由、独立创新的海派校园氛围。

百年的向明历史，见证了向明人的传统文化与现代文明的有机交融。

地址：
上海市黄浦区瑞金一路 151 号

公交、地铁线路：
地铁 13 号线；公交 920 路、926 路等

TIPS

□位于淮海中路 870 号，淮海中路、茂名南路转角的国泰电影院建于 1930 年，是上海市第二批优秀历史建筑，上海市文物保护单位。

□淮海坊北临淮海中路，在茂名南路和南昌路上都有入口，这里就是曾经大名鼎鼎的霞飞坊。每一个路过淮海坊的人，都会对它留下深刻的印象。

□红房子西菜馆是上海历史最悠久的法式西餐馆之一，它的前身是 1935 年一个叫路易·罗威的意大利籍犹太人在霞飞路创办的罗威饭店。

上海市第三女子中学

说起市三女中，大家都知道，这是上海市首批市重点中学之一，也是上海市实验性、示范性高中之一。说起它的百年历史，更是蜚声海外，宋氏三姐妹就是最知名的校友。

市三女中的前身，是1881年美国基督教圣公会创办的圣玛利亚女中（St.Mary's Hall）和1892年基督教南方监理公会创办的中西女中（McTyeire School）。这里曾是上海滩最有名的私立女校，全校采用全套西方模式教学，学生入学不但要考试，还要提供两封推荐信——此外，它还是远近闻名的贵族学校，普通学生一年的学费 84 元，专学西文则要 168 元，这还不包括杂费——与之相比，同期上海普通中学的学费则只有 10 元，还不到十分之一。可想而知，学校中大多数的学生都出身名门，起码也是中产家庭。

圣玛利亚女校将“非梧桐不栖，非醴不饮”的凤凰作为学校标志，校刊也取名《凤藻》。学校以英文、家政和音乐舞蹈为特色学科，培养出来的女学生大都谙熟社交礼仪、通晓英文，富于文学艺术的修养。

1952 年，两校由上海市人民政府接管，合并命名为“上海市第三女子中学”。美国前总统克林顿夫人希拉里女士访问市三女中时，称誉它拥有“一流的学生，一流的英语水平”。这与市三女中的育人目标密切相关——新时代的女校，目标是培养“IACE 女孩”，IACE 分别取自英文单词 Independence（独立）、Ability（能干）、Care（关爱）、Elegance（优雅）的第一个字母——“I”代表自主和独立，“A”代表能干自信，“C”代表爱他人、

美国前总统克林顿夫人希拉里女士访问市三女中时，称誉它拥有“一流的学生，一流的英语水平”。

爱集体、爱国家，“E”代表大度优雅、懂美爱美。

新时代的市三女中依然不时有知名校友“走红”。2016年3月，在巴黎的联合国教科文组织总部，上海的女博士应佚伦向台下的各国大使用英语作了一个三分钟的演讲，内容是关于通过建立快速、低成本纳米通道DNA测序技术，快速筛查致病基因，实现疾病的早期诊断及个性化治疗。就在演讲前，她刚刚荣膺2015年“世界最具潜力女科学家”奖，成为首位获此殊荣的中国女性。人人都为应佚伦的创新才华惊叹，但大家可能不知道，她的科学梦正是启蒙于市三女中。高中就读于市三女中的她，非常感谢女中给了她宽松自由的学习环境。所有实验都让学生自己操作，不仅让应佚伦记住了概念公式，也通过实践理解了其中缘由，大大增加了她对化学与生物的兴趣。

地址：

上海市长宁区江苏路155号

公交、地铁线路：

地铁2号线、11号线；公交20路、01路等

TIPS

□校友之一的张爱玲，人生第一篇小说《不幸的她》，就是发表在《凤藻》校刊上。

□顾圣婴、黄蜀芹、郑佩佩、汪明荃、沈殿霞等也都毕业于市三女中。

上海体育学院行政办公楼（绿瓦大楼）

典雅的琉璃瓦，古色古香雕梁画栋的建筑，金黄色的屋脊镶嵌着昂扬龙纹和祥兽——这里曾是“大上海计划”重要的一部分，是旧上海特别市政府大楼，如今，却正因为它那瞩目的一排绿色琉璃瓦，而拥有了一个轻盈的、充满活力的名字：“绿瓦大楼”。

走在如今的绿瓦大楼前，满目皆是身材健美的体育生。让你很难想象，1937 年抗日战争全面爆发后，它曾遭受日寇爪牙之害，差点成为日寇神社所在地，满目疮痍。

1952 年夏天，那是改变绿瓦大楼命运的一刻——教育部决定，将南京大学体育系、华东师大体育系和金陵女子文理体育系合并。11 月 8 日，新中国第一家高等体育学府华东体育学院，在上海成立了。1956 年 2 月 6 日，经国务院批准，华东体育学院更名为上海体育学院。同年，上海体育学院迁址江湾，饱经风霜的旧上海市政府大楼开始被体院师生亲切地唤作“绿瓦大楼”，体院学生则自称“绿瓦学子”。绿瓦大楼在很长一段时间里几乎承担了所有的教学、训练、住宿的功能，从此成为上海体育学院的象征。

此后，这片崭新的绿瓦，见证了中国体育事业的腾飞——这里不仅孕育出了飞人刘翔的教练孙海平，在女子运动的辉煌历史上也占有极其重要的一席之地：前女排主帅陈忠和，前女足主帅马良行，女乒主帅施之皓、孔令辉，带领杜丽获得两枚奥运会金牌的女子射击队教练王跃舫，均曾就读于上海体育学院，都是绿瓦学子。

绿瓦培育出的女运动员更是不计其数——叶子琪、张婕娜琳、周佳怡，中国高尔夫球国家队主力队员，均就读于上海体育学院。她们不仅是中国高尔夫球希望之星，也是中国高尔夫界的颜值担当。花样游泳世界冠军组合黄雪辰 / 孙文雁中的黄雪辰，也是上海体育学院的优秀学子。乒乓球世界冠军得主丁宁，也曾在上海体育学院新闻系就读。

不仅培育专业运动员和专业教练，绿瓦精神也为上海市民的体质加了一把力——上海体育学院有八字校训：“身心一统，兼蓄竞攀”。它率先建立了“市民体质网”和“上海市民健身热线”，依托学研力量与体育资源，切实助推国民体质进步，先后承担《我国公共体育服务体系研究》与《全民健身计划（2011—2015）》实施效果“第三方评估”。这两项于中国体育举足轻重的科研项目，这是非体院力量而不能为的。

在最新的体测结果中，上海人的体质排名全国第一，也有“绿瓦”的一份功劳。

地址：

上海市杨浦区长海路 399 号

公交、地铁线路：

地铁 8 号线；公交 842 路等

TIPS

□ 1998 年，绿瓦大楼被导演叶大鹰借来拍摄讲述地下党人故事的电影《红色恋人》。

□ 绿瓦大楼所在区域曾是国民政府“大上海计划”的重要阵地，原计划于此地建设市政府大厦、运动场、图书馆、博物馆、中国航空协会等建筑。如今的杨浦图书馆新馆建筑，正是当年“大上海计划”留存下来的一部分。

上海市第一百货商店

说到老上海的四大百货公司，上海人一定津津乐道：先施、永安、新新、大新。从1917年先施公司落成，到1936年大新公司新楼矗立，20年间，四大百货公司彻底刷新了上海的商业版图。其中，大新公司虽然来得最晚，规模却称一时之冠——10层高楼，1.7万平方米，摆满了琳琅满目的货物。

如今，先施公司蜕变成上海时装股份有限公司，新新公司变身上海第一食品商店，永安公司经历几番更名终又回到原名，大新公司更成为上海地标中的地标——它位于每个来沪游客的必经之地：南京路步行街，位居要角，它已在这个转角矗立了83年，历经沧桑巨变，依然勇立商业潮头——它就是如今的第一百货商店。

如果说1949年前的大新公司见证了银元时代上海的商业繁荣，那么作为新中国成立后的第一家国有百货商店，第一百货商店更是改革开放的见证者——1992年2月18日，邓小平在时任上海市委书记吴邦国和上海市长黄菊的陪同下，参观第一百货商店。短短数月之后，第一百货就被市政府批准改制，成立大型综合性股份制公司，并于次年在上海证券交易所发行了“中百一店”股票。

市场化、股份制，在今天看来也许平常，当年却是一笔浓墨重彩，它不仅见证了改革开放的步伐，也承袭了老上海生意人敢想敢做、勇立潮头敢为人先的精神——旧上海四大百货公司的成功，都有各自的法宝：先施的名字来源于《中庸》“先施以诚”，新新得名于《大学》“苟日新，日日新，又日新”，可见待客以诚，又以时新货物吸引眼球，是百货业立足的不二法门。

无独有偶。当年的永安百货也在大楼外墙显眼处挂上霓虹灯，上书英文标语：Customers are always right！（顾客永远是对的！）创始人郭标的女儿郭婉莹更可谓是上海滩的初代网红——她穿什么，什么就是风尚；她用什么香水，什么香水就会迅速走俏。

永安公司的第二代掌门人，黛西的堂哥郭琳爽还想出一个奇招：开风气之先，招聘了许多18~20岁的女性店员——此招一出，先施公司也效仿之。永安不仅聘用女性店员，还懂得包装她们，一个个都包装得好似明星一般——袜子柜台有袜子皇后，皮包柜台有皮包西施，大概是从豆腐西施那里获得的销售灵感吧。别说，这招还真管用，这些明星店员甚至还频频接受杂志采访，活像是真正的电影明星一般。此举不仅使得永安的销售额大增，也带动了上海新时代的女性就业。

永安百货的建筑是 20 世纪初折中主义建筑风格的典型代表，沿南京路中央顶部还有一座塔楼，名为“绮云阁”，你可能不知道，这里还是上海解放时第一面红旗升起的地方——

当年，第一批攻入上海的解放军战士为了不惊扰市民，悄悄露宿于南京路。几名一直在永安公司准备欢迎解放军入城的地下党员，从大楼的棉布柜台里抽出一匹红布，让缝纫间的裁缝金永铭师傅赶制了一面红旗，并由四名青年战士将红旗插到了大楼“绮云阁”顶端。就这样，永安百货大楼升起了上海解放的第一面红旗，被载入史册。

地址：
上海黄浦区南京东路 830 号

公交、地铁线路：
地铁 1 号线、2 号线；公交 20 路、37 路等

TIPS

□被称为上海“最后一位名媛”的章含之的生母谈雪卿，也曾是永安公司在推出康克令钢笔时打造的“康克令女郎”。

□如今，第一百货依然屹立于南京路步行街的一端，见证今日商业街的繁华——新世界百货、来福士广场、宏伊国际广场、大丸百货……每天都迎来全球各地的游客。

上海妇女用品商店

淮海中路上的上海妇女用品商店现属于百联集团，这是一家以“女性”为主题的中高档女性用品商店，主打职业女装、太太服饰和漂亮妈妈等主题，消费对象是25~50岁的职业女性，主要经营时装、羊毛羊绒衫、皮鞋、包袋、护肤品、内衣和准妈妈用

品等女性专业特色用品。

妇女用品商店的格局很特别，一般的商场内部都是连通的，这里的门面却被门道分隔成几段，因此在这里逛街你要进去了出来再进去，不像是一个商店，更像是几个独立的店面。实际上，这里以前确实是十几家经营时装的不同公司，1956 年公私合营，才合并组成了国营上海妇女用品商店。

留给消费者永远的信赖是50多年来的历史积淀形成的，特色与时尚才是它的内涵。

商店所在的大楼是上海市第二批优秀历史建筑，原为 1930 年万国储蓄会兴建的高层公寓楼盘培文公寓，又叫皮恩公寓，是当时法租界内有名的公寓建筑，建筑面积 14362 平方米，9 层高 40.5 米，共有住房 46 套。公寓由两幢建筑组成，主体是一幢沿街的长体形公寓大楼，沿雁荡路、淮海中路、重庆南路而立，底层设商铺，外观采用装饰艺术风格，清水红砖外墙间以水泥墙面粉刷，竖线条红白分明，立面凹凸较多，混凝土屋檐和门檐突出在外，横线条粗犷清晰。南面为一排三单元的组合体，称“小培文公寓”。抗战全面爆发后，时任国民政府行政院长、财政部长的孔祥熙买下培文公寓。

对于商店来说，“老字号”只是荣誉，留给消费者永远的信赖是50多年来的历史积淀形成的，特色与时尚才是内涵。近年来妇女用品商店先后提出“美在妇女”“漂亮妈妈”等主题经营理念，并在市场细分中开拓“准妈妈系列用品”，使商店的专业特色趋向明显。由于消费对象明确、商品目录清晰、品牌集中、选购方便，日益被特定消费群所接受。

地址：
上海市黄浦区淮海中路447—479号

公交、地铁线路：
地铁1号线；公交911路、920路、929路、167路、42路等

TIPS

□上海K11购物艺术中心坐落于淮海路的黄金地带，是首个把艺术、人文、自然三大核心元素融合在一起的全球性原创品牌。

□淮海路上的哈尔滨食品厂，总是门庭若市。老上海常说：这不是小时候经常去的吗？上海哈尔滨食品厂是20世纪50年代到80年代的上海人难以忘怀的记忆。

□位于淮海中路375号的中环广场，曾是法租界的最高管理机构法租界公董局的大楼。法租界公董局成立于清同治元年（1862），是旧上海法租界最高的市政组织和领导机构。

M50 创意园

走进位于莫干山路 50 号的 M50 艺术产业园，一家家画廊、一个个设计师工作室各具特色，文化的气息、创意的氛围扑面而来。作为上海最早的一批创意园区，M50 如今已成为上海的时尚地标之一。

M50 的“东家”来自 2017 年“合二为一”的两家国企——上海纺织集团、东方国际集团。目前，它的旗下涵盖上海国际时尚中心、上海国际设计交流中心，M50、尚街 Loft 两个品牌，双创空间、五维婚庆等服务平台和上海纺织博物馆，覆盖管理 13 个时尚园区。这些园区曾是上海的“母亲工业”——纺织工业铸造辉煌之地，如今则孵化着国内时尚产业的一股股原创力量。

其中，M50 成名最早，也可以说是“无心插柳柳成荫”。M50 原为近代徽商代表人物之一周氏的家族企业——信和纱厂。这里拥有自 20 世纪 30 年代至 90 年代各个历史时期的工业建筑 50 余幢，是目前苏州河畔保留最为完整的民族工业建筑遗存。新中国成立后更名为上海第十二毛纺织厂、上海春明粗纺厂。根据上海纺织产业结构调整的需要，春明厂从 1999 年底停止了原主业的生产。

2000 年起，通过都市型工业园区的建设和业态调整，逐步引进了以视觉艺术和创意设计为主体的艺术家工作室、文化艺术机构和设计企业。2001 年，艺术家陆续入驻，2004 年 M50 登上美国《时代》周刊封面，惊叹这里是“上海苏荷”，并将其与东方明珠、上海博物馆、新天地等一起，列为上海十大文化地标。2005 年，M50 挂牌成为上海首批创意产业聚集区之一。

在业内人士看来，M50 的发展之路，正是文创产业从简单利用空间到有产业业态的集聚，从粗放型管理到有主题有特色的规划，从单一的厂房租赁到园区物业增值服务等一系列嬗变的过程。

近年来，M50 艺术产业园先后引进了 20 个国家和地区的 140

M50 刚硬的风格与园区内文化氛围奇异交融，成为特色鲜明的工业旅游景点。

余户艺术家工作室、画廊、高等艺术教育以及各类文化创意机构。在入驻企业的选择上，M50 始终遵循园区定位，有针对性地引进在文化创意领域内有影响力的机构。这些机构的入驻营造了苏州河畔浓厚的艺术创意气息，吸引了众多国内外的收藏家、媒体、知名人士、艺术爱好者、市民和游客。

2019 年 2 月，M50 创意园迎来一道道簇新的艺术风景——以《纺织女工》为代表的一系列涂鸦、壁画、装置正用自己的斑斓色彩使暗沉的园区重新焕发活力，吸引了不少人驻足观赏。

现在的 M50，传统的砖木、砖混、钢混构架，烙印着典型的工业建筑气质，这种刚硬的风格与园区内文化氛围奇异交融，形成独特风格，成为特色鲜明的工业旅游景点，吸引着游客和文艺青年前来参观打卡。

地址：

上海市普陀区莫干山路 50 号

公交、地铁线路：

地铁 13 号线；公交 64 路等

TIPS

□上海纺织博物馆：同样位于苏州河南岸的上海纺织博物馆（澳门路 150 号），原是上海申新纺织第九厂旧址，距离 M50 步行只需 10 分钟。这一博物馆通过实物、资料、场景、图文、模型、多媒体等，展示上海地区纺织业发展的历史文脉和上海纺织工人在社会主义建设时期的光辉业绩。

钟书阁（绿地缤纷城店）

“我想象，天堂就是书店的模样。” 阿根廷诗人博尔赫斯笔下的这句诗句让许多爱书之人怦然心动。的确，买不买书是其次，愿意进入书店才是第一步。

显然，如今的钟书阁已经做到了。它被誉为“中国最美的书店”，用真诚的态度和信念，赋予了读书一种诗意的仪式感，唤醒了所有人对读书的记忆。

钟书阁上海绿地中心店的主题是“石库门”，建筑元素被“化整为零”地排布在整个空间之内，营造出特有的上海风情。书店的入口被打造成石库门的门廊造型，墙面则用新型材料模仿出石

库门的砖墙。缓缓步入其间，仿佛走过了时光隧道，回溯到上海滩曾经辉煌的时光。

大厅中被打造成法国梧桐式样的书架，清浅的木质原色和浅灰色的砖墙相映成趣，浑厚与自然调和相容。玻璃吊顶上镂刻出梧桐树叶的造型，当光线从上方倾泻下来，便仿佛梧桐雨纷纷扬扬地落下。

整个空间可以说非常文艺唯美，体现着一座城市的气质，上海不仅是国际化的大都市，也是一个具有深厚历史底蕴和文化的魅力之城。

如此美丽的钟书阁其实出自一个 85 后美女设计师之手。她就是李想，毕业于英国伯明翰城市大学，拥有英国、马来西亚双建筑学士学位。狮子座的她霸气一身：15 岁独自出国求学，16 岁高中没毕业跟建筑系系主任争取进建筑系，24 岁为了独立操作理想中的项目就创立了自己的公司——唯想建筑设计，影射着建筑设计是自己唯一的梦想。

“书店要与社会环境有呼应，它毕竟是一家书店，不是一家餐厅。”李想说，每一个空间呈现出来的都是这个城市小小的缩影和故事。如杭州钟书阁的主题是树林书群，体现杭州“绿色之城”的特点；闵行钟书阁的斑马线描述了上海繁忙街区的市井，也表达书籍为灵魂保驾护航之意；位于上海市中心大型商场中的芮欧店则表达了“混凝土空间”的概念。

事实上，钟书阁的梦想是：有一天，人们谈起书店，不只是日本的茑屋、中国台湾的诚品，

还有中国上海的钟书阁！

地址：

上海市徐汇区东安路 562 号
绿地缤纷城西区 1 层

公交、地铁线路：

地铁 7 号线、12 号线；公交 104 路、41 路等

TIPS

□钟书阁于 2013 年 4 月营业，第一家钟书阁开在上海的郊区——松江泰晤士小镇。这家立志要做中国最美的书店一开业就立刻成为申城引人注目的文化地标，同时还为线下实体书店的转型指明了方向。

豫园

去豫园九曲桥上看“金睛鱼”，然后细品南翔小笼，是上海人的必修课。

事实上，这座园林，距今已有400余年的历史了。明嘉靖三十二年（1553），长达九里的上海城墙建成，东南沿海的倭患

逐渐平息。上海的社会经济得到恢复并开始繁荣，士大夫们纷纷建造园林，怡情养性，弦歌风月。官至都察院左都御史和刑部尚书的潘恩，年迈辞官告老还乡，其子潘允端为了让父亲安享晚年，从明嘉靖己未年（1559）起，在潘家住宅世春堂西面的几畦菜田上，聚石凿池，构亭艺竹，建造园林。经过 20 余年苦心经营，豫园乃建成，园名寓意“豫悦老亲”。

楼阁参差，山石峥嵘，树木苍翠，豫园以清幽秀丽、玲珑剔

多少年来，“到城隍庙去白相白相”，成了上海寻常百姓逢年过节的一种习俗。

透见长，具有小中见大的特点，体现出明清两代江南园林建筑的艺术风格。园内有江南三大名石之称的玉玲珑、1853 年小刀会起义的指挥所点春堂，园侧有城隍庙及商店街等景点，每年都吸引来络绎不绝的各国游客。一问起“上海年味哪里强”，“豫园灯会”绝对是回答的高频词，“金吾不禁夜，玉漏莫相催”，灯如昼，仿佛地上的星星。

既然说豫园，那就不得不书一笔轧闹猛的胜地——城隍庙。明永乐年间（1403—1424），上海知县张守约将上海城内供奉金山神主博陆侯霍光的金山神祠改建为上海城隍庙，供奉上海城隍秦裕伯。1924 年 7 月 15 日，城隍庙失火，大殿全部为火所毁；两年后重建，于 1927 年 11 月竣工，建成全部钢骨水泥的仿古大殿。

1994年起，城隍庙边修复，边开放，现不仅是历史古观，也是著名的小商品、土特产和特色商品市场。多少年来，“到城隍庙去白相白相”，成了上海寻常百姓逢年过节的一种习俗，也是携亲带友饱口福和游玩、购物的好去处。每逢春秋假日、初一月半，男男女女，游客如织，汇成山海。

如果大家逛累了，肚子饿了，走起，去绿波廊满足自己的味蕾和肠胃吧！眉毛酥、葫芦酥、枣泥酥、桂花拉糕、松鼠鳜鱼、蟹粉菜心……哪怕只是听闻这些菜点的名字，资深老饕们也能脑补出满满一桌绿波廊招牌菜。依晓得哦？做出这些精致点心的巧

厨娘，是上海豫园旅游商城股份有限公司绿波廊酒楼副总经理王时佳。她曾荣获中华金厨奖，是上海市技术能手、“上海市三八红旗手标兵”。2014 年 1 月 15 日，绿波廊王时佳中式点心工作室成立，主要任务是继承中华餐饮文化的精髓，制作招待中外贵宾的精美点心，研发颇具特色的国宴点心，带教具有培养前途的点心新秀。

王时佳制作的枣泥酥、萝卜丝酥和拉糕，让克林顿赞不绝口。绿波廊为参加 2014 年亚信峰会的各国元首夫人特意准备的“夫人套点”，上桌后就被一扫而光，大获好评。多年来，王时佳始终奋战在餐饮第一线，正因为那种“择一事，终一生”的匠心，我们才能向世界更好地传播来自中国的味道。

地址：

上海市黄浦区安仁街 218 号

公交、地铁线路：

地铁 10 号线；公交 11 路、26 路、64 路、736 路、932 路等

TIPS

□城隍庙是上海地区重要的道教宫观，同为道观的白云观虽然不如城隍庙那般出名，但在沪上亦颇具影响力。

□1973 年 7 月，豫园独创 14 道迷你点心迎接柬埔寨国王西哈努克亲王，成就绿波廊的起点。眉毛酥也成为绿波廊的经典点心。

上海工艺美术博物馆（小白楼）

在上海，除了知名的大博物馆，另有许多很有意思的小博物馆隐身于城市一隅。

它们虽然小，但是美。游人徜徉于其中，或许会有意外的收获。

上海工艺美术博物馆，选址于幽静的汾阳路（近太原路）上，占地面积 5862 平方米，在主楼分设织绣、雕刻、民间工艺三大展示几百年来的上海工艺美术，广泛吸纳各地特长，以开放的意识，形成具有鲜明地域风格的海派工艺美术。

厅。设立的刺绣、戏服、绒绣、竹刻、黄杨木雕等十余个专业，陈列着近300件作品。其展品和藏品，补充了上海博物馆收藏品以外的近现代工艺美术精品，基本涵盖了上海本地亟须保护的传统工艺品种，从中可以映现上海工艺美术发展的脉络。

尤其是“雕刻馆”，精彩纷呈。从门口向内望去，就能看到一件件保存在玻璃展柜内的无瑕工艺品。首先映入游客眼帘的，是好几件精美绝伦、器形巨大的牙雕作品。由于目前我国已经禁绝了象牙交易，所以前几年还能在各种工艺品商店橱窗里看到的牙雕作品，现今轻易不可得见。工艺美术博物馆内的“雕刻馆”让人们再饱眼福，那圆润流畅的线条，局部细节的镂金错彩、粲然生辉，莹莹如玉的视觉效果，无不给予来访者莫大的审美享受。

上海工艺美术博物馆的“小白楼”，原为法租界工董局董事住宅，

建于 1905 年。据资料介绍，博物馆建筑占地总面积 5862 平方米，建筑面积 1496 平方米，三层混合结构，为法国后期文艺复兴式住宅。住宅分上下两层，另有半层为地下室，砖木混合结构，平面中部凹进，呈半圆形，大门朝南，前有露天双抱大扶梯，从左右登上一楼平台，有栏杆，扶梯下面有拱，入地下室。正南设左右双抱露天大楼梯，平屋顶有镂空女儿墙。

抗战胜利后，联合国世界卫生组织曾在此办公，是该组织在亚太地区的第一任办公地。1963 年，在陈毅同志的关心下，上海民间最优秀的工艺美术家相继在此工作和传艺，同时，还建立了工艺美术品陈列室。2001 年，上海市工艺美术研究所对建筑进行复原修缮，设立博物馆及专业创作室。

几百年来的上海工艺美术，广泛吸纳各地特长，以开放的意识，形成具有鲜明地域风格的海派工艺美术。沪上一批身怀绝技的民间艺术大师，曾汇集于上海工艺美术研究所竞风流，如灯王何克明，神剪王子淦，绒绣大师刘佩珍、高婉玉、张梅君，海派黄杨木雕创始人徐宝庆，细刻专家薛佛影，瓷刻大师扬伟义，砚刻艺术家陈端友、张景安等。老一辈的工艺美术大师们，留下了精湛高雅的作品，既是为祖国的工艺美术事业书写灿烂的一页，也等同馈赠后人以宝贵的文化遗产。今天的我们，还能欣赏到那些巅峰之作，何其有幸。

地址：

上海市徐汇区汾阳路 79 号

公交、地铁线路：

地铁 1 号线、7 号线、10 号线；公交 42 路、45 路、96 路等

TIPS

□ 上海工艺美术博物馆旁边不远处，就是上海音乐学院以及小资们特别喜爱的几条原法租界梧桐林荫路，适合散步。

□ 安福路上的老相机制造博物馆（IG 映界影像艺术馆）、陆家嘴富城路的震旦博物馆、张江路的上海动漫博物馆……都是值得一探的好地方。

内史第

百年院落内史第，历 20 多载各方奔走、呼吁、努力，终于几年前经修复后重新开放。这里，曾居住过中国近代史上最出名的那个“宋家”；著名音乐家黄自、民主战士黄竞武、会计学家黄祖方、水利专家黄万里等黄氏子弟，均诞生于此；就连胡适，也曾在内史第居住过。是故，此番修复开放的意义，自不待言。

旧称沈家大院的内史第，为金石学家和大收藏家沈树镛祖上所建。清咸丰九年（1859），沈树镛中举，官至内阁中书，沈家大院遂改名内史第。由于内史第中曾经藏有汉碑、六朝造像、唐石、宋石等众多文物精品，所以被赞誉为“文物古迹，富甲东南”。

这座典型的江南官宦宅邸，坐北朝南，三进两庭院、两厢式二层砖木结构，门楼是典型的晚清建筑设计风格。内史第富有清代江南民居特色，雕刻装饰尤为突出，“凤戏牡丹”“状元游街”等砖雕和长窗、柱梁上的木雕都非常精致。

黄炎培在内史第出生长大，十多岁时父母先后病殁，其少时学问、道德以及爱国思想，多受其姑父沈肖韵引导。1903 年，黄炎培和堂兄黄洪培还在内史第开办过浦东第一所女校，并以黄炎培堂嫂陆开群之名命名为“开群女学”。土生土长的上海人黄炎培，在谈到自己的出生地时讲过：“浦东文化在川沙，川沙文化在内史第。”

1890 年，“宋氏三姐妹”的父亲宋嘉树成为上海川沙地区的传教士，当时便借住在内史第沿街坊，直至 1904 年迁至上海虹口。如今，内史第西南角沿街房屋成为“宋氏家族居住纪念地”。据了解，宋庆龄在内史第生活了 11 年，宋子文在内史第生活了十多年，宋美龄在内史第生活了 7 年——可以说，孩子们美好的童年时光，都留在这儿了。

2013 年复建后，内史第恢复成原来的三进院落。如今，它收藏了黄炎培生前的一些书画作品和手抄本真迹，被视为镇馆之宝。

一楼部分，分别在原址或其他房间复原了黄炎培、“宋氏三姐妹”、胡适等人的生活场景；内宅二楼的东西厢房，则展示了黄炎培、黄氏子侄、宋氏家族和沈树镛的生活细节以及历史贡献。

从“黄炎培故居”重回“内史第”，历史文化遗址上的“新”改造，不仅令游客数量大为增长，也使得曾在这里居住的沈家和宋家后代慕名而来，将这里作为联系的纽带，寻找一点前人的足迹。浓缩了上海融汇中外文化的“密码”，内史第虽然不在十里洋场的中心地带，却不妨碍其成为上海最具传奇色彩的宅子之一。

地址：
上海市浦东新区川沙新镇新川路 218 号

公交、地铁线路：
地铁 2 号线；公交上川专线、浦东 24 路、高川专线、川奉专线、川沙 2 路等

TIPS
□内史第免费对公众开放，出于保护老建筑的需要，个人参观者现场领票入场，每天限 50 人；团体参观者必须预约前往，每天限 10 批，开放时间为每天 9:00—16:00。
□复建工作耗资 12000 千万元。其中，黄炎培的资料保存相对完整，但遗憾的是房子主人沈树镛的藏品流失严重。

新场古镇

只要一提到江南水乡古镇，人们马上会联想到乌镇、周庄、朱家角，这些小镇一直都是游人梦寐以求的江南水乡美景。但除了这些人杰文豪和文化古迹享誉国内外的江南古镇外，还有一个鲜为人知的江南水乡古镇，那就是地处浦东新区中南部的新场古镇。

新场建镇约在南宋建炎二年（1128），至今有近900年的历史。之所以叫“新场”，缘于下沙盐场南迁至此形成新的盐场，故名“新场”。元代初年，即有两浙盐运司署松江分司迁衙于此，是一座因盐而成、因盐而兴的江南古镇。

随着盐业的不断发展，商人、盐贩纷纷聚集到这里，于是新场人口急剧增加。当时镇区歌楼酒肆，商贾云集，其繁华程度曾一度超过上海县城，有“新场古镇赛苏州”之誉，是当时浦东平原上的第一大镇。

后来因盐场变迁以及战乱等变化，曾几经兴衰，但新场镇仍是一个很有文化气息的江南水乡古镇。新场古镇上穿镇而过的狭窄河道，雕刻精致的一座座石拱桥，傍水而筑的民居，高垒的石

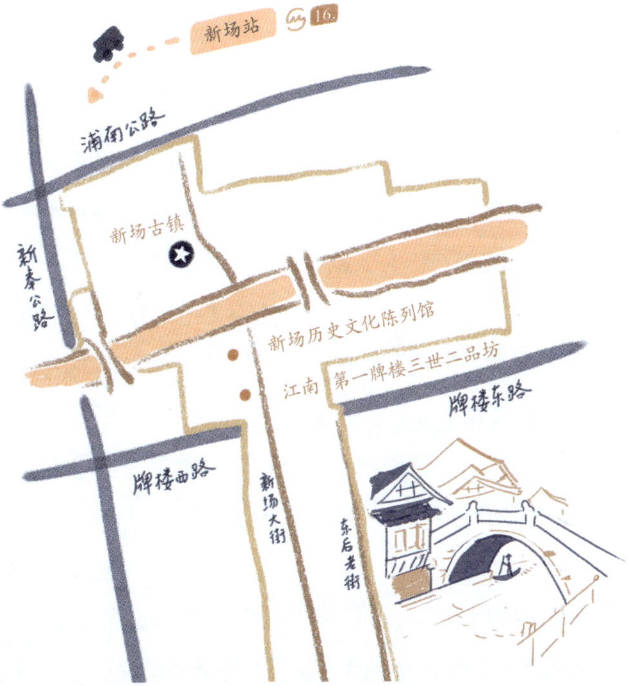

新场镇内现存的60%的民房为清代及民国时期所建，透出古色古香的韵味。

驳岸，沿河人家的一座座马鞍形的水桥，这与周庄、朱家角等地的小镇非常相似。

新场镇文化教育历来发达。早在宋元年间，即有瞿士彦在这里创办义学。在《南汇县志》中曾有新场镇“科第两朝称盛”的记载，“南屏书屋”之类吟诗泼墨的场所有20多处。值得注意的是，光绪二十八年（1902），新场就有了女子学堂。到了20世纪30年代，镇上中小学已俱备。新中国成立后，文化教育事业进一步发展。80年代，全国第一个联合创办的“社镇文化中心”在新场镇成立，有“小镇大世界”的美称。曾多次受到国家文化部的表彰，是全国著名的农村文化中心先进集体之一。

新场镇至今仍保留着古镇风貌，遗存着部分古景古迹。新场镇史载有“笋山十景”“十三牌楼九环龙（桥）”“马鞍水桥石驳岸”等名胜古迹。

所谓“笋山十景”，即“石笋里”，传说在新场受恩桥石头湾沙中曾发现石笋，深不见底，所以过去新场镇又名“石笋里”。

这十景，即溪湾石笋、书楼秋爽、雷音晓钟、横塘晚棹、仙洞丹霞、海眼原泉、高阁晴云、上方烟雨、千秋夜月以及南山雪霁。

新场镇内现存的60%的民房为清代及民国时代所建。沿一条约1500米长的老街前行，两旁的三棣进深的第宅厅堂透出古色古香的韵味，或门楼耸立，或石雕砖刻，或朱梁画栋，气势俨然。其中较为典型的有明代的奚家厅，清代的崇修堂、张信昌宅、行素堂、叶凤毛第宅和郑生官宅等。

电影《色戒》《叶问》和《摆渡人》，电视剧《国民大生活》都曾在此取景。

同济大学阮仪三教授称赞说："新场古镇是体现古代上海成陆与发展的重要载体，是近代上海传统城镇演变的缩影，上海老浦东本地居民生活的真实画卷。"

地址：

上海市浦东新区新场镇海泉街128号

公交、地铁线路：

公交新场3路、628路、沪南线、芦杜专线、塘邵专线、龙大专线、塘南线等

TIPS

□ 新场古镇主要景点：新场历史文化陈列馆（新场大街367号）、"三世二品坊"、江南第一楼。

黄道婆纪念馆

700 多年前，元代著名纺织家黄道婆出生于“松江乌泥泾地区”（今徐汇区华泾镇）。她是我国棉纺业的先驱，13 世纪杰出的纺织技术革新家。

黄道婆，又名黄婆、黄母。她有着不畏艰辛、勇为天下先的革新精神。她把在海南学得的棉纺织技术带回家乡，在上海松江一带推广传播，并经过改革，创造出一套先进的棉纺工具和纺织

衣食住行，黄道婆赋予了我们“衣”。她创造出一套先进的棉纺工具和纺织技术，不仅泽被故里，造福一方，还极大地推动了我国棉纺业的发展。

技术，不仅泽被故里，造福一方，还极大地推动了我国棉纺业的发展。

2003年，华泾镇为了感谢黄道婆对棉纺织事业所做的重大贡献以及她给后人带来的恩惠福祉，建造了黄道婆纪念馆。该馆于当年3月21日开馆。

从纪念馆大门进去，绕过一处绿植，就可看见黄道婆墓。六柱简易木亭下，是黄道婆的墓地。早春细雨淅沥，墓上芳草萋萋。

黄道婆纪念馆设三个展馆，主展厅展示黄道婆的生平事迹以及她对中国纺织事业做出的历史功绩，其他两个展厅分别展示不同时期的纺织工具和棉纺织品。纺织工具展厅里，弹花机、纺纱机、织布机样式各异，共有 30 多台（件）。

在棉纺织品展厅里，各种花色的棉土布、蓝印花布、棉织衣裤、围裙肚兜、床单被套等物件有 300 多件，其中不少是明清时期保留下来的珍品，展示了她一生所做的贡献。2004 年，黄道婆纪念馆被列为上海市科普教育基地。

衣食住行，黄道婆赋予了我们“衣”，小学课本上都有她的事迹。纪念馆地方虽小，但展示功能俱全，很适合给小学生进行历史教育，感谢黄道婆对纺织技术所做的贡献。

地址：
上海市徐汇区徐梅路 700 号

公交、地铁线路：
地铁 12 号线；公交 714 路、770 路、956 路等

TIPS

□从黄道婆纪念馆出来，沿龙吴路往北直行 5 公里，同样位于徐汇区的上海植物园内，也有一处黄道婆纪念场馆——黄道婆祠堂，即黄母祠。黄母祠始建于 1307 年，立、毁 10 次。最近一次改建在 2014 年，改建后的黄母祠占地 2092 平方米，建筑面积 546 平方米，具有展示功能，为市级文物保护单位。

顾村公园

“早樱已是樱花雨，早中空档有阳光。吉野含苞正欲放，下周缤纷最浪漫！”春天是看樱花的季节，上海最著名的赏樱花地点就是顾村公园了。

顾村公园位于宝山区顾村镇，规划总用地面积430公顷，是本市最大的郊野公园，相当于三个世纪公园大小。它是一座集生

最美的季节、最美的樱花赛道和运动中的女性融合，开启运动赏樱新模式。

态防护、景观观赏、休闲健身、文化娱乐、旅游度假等功能于一身的大型城市郊野森林公园，也是上海市外环生态工程的重要组成部分。

公园内水系、湿地、植物群落，田园风光相交汇，并融合和传承历史人文，体现人与自然和谐相处的理念。它的建成为宝山未来的社会、经济、文化、生态的和谐发展做出贡献，也将为上海环城生态乃至整个城市的建设发展增添一个新亮点。

每年的三四月，顾村樱花节都如期举行。节日期间，上万株樱花竞相开放，吸引了大批游客前来赏花。

春天是健身锻炼的好季节。一场“高颜值”的女子樱花跑——上海樱花节女子10公里精英赛也会在这里开跑，该项赛事由宝山区体育局、上海顾村公园等单位主办，从2017年起已连续举办了三年。作为上海樱花节的预热活动，精英跑将最美的季节、最美的樱花赛道和运动中的女性融合，开启运动赏樱新模式，并邀请社会女性精英方阵助跑。身穿粉色大赛运动背心的女性跑者，或三五成群团队作战，或一枝独秀独领风骚，从空中俯瞰，恰似一片片流动的樱花林。

目前，顾村公园樱花种植面积1200余亩，共有近90个樱花品种、1.2万余株樱花，面积、品种、数量均为上海之最。通过多年的持续打造，公园的樱花景观已逐步形成了步移景异的特色：贯穿东西的樱花大道串联起樱花林、樱花园、垂樱林、福樱林、友谊林、樱花品种园，游客漫步园内，可以欣赏到秀美多姿的樱花景观。

地址：
上海市宝山区沪太路4788号

公交、地铁线路：
地铁1号线、7号线；公交963路等

TIPS

□美兰湖景区位于宝山区罗店北欧新镇内，景区以美轮美奂的美兰湖为中心，四周建有北欧风格三层不等的围合式建筑，还有充满娱乐趣味的美兰湖主题公园；全国十佳球场之一、符合国际PGA标准的36洞北森林南湖泊高尔夫大球场；有汇聚国内艺术名作的美兰湖国际美术馆；众多品牌参与的亚洲最大的美兰湖婚纱摄影基地。

□上海宝山国际民间艺术博览馆坐落于顾村公园东南角，外观设计理念取自“中国结”这一民间文化形象，成为宝山对外交流的窗口。

罗店古镇

“金罗店、银南翔、铜江湾、铁大场。”有600多年历史的宝山罗店古镇，早在明万历年间，已是一个商贸辐辏的商业重镇。当时的商贾们还有一个习俗——每逢农历二月十二，花神诞辰日，都要举行迎神祭神活动，求一个风调雨顺。

这“万花之王”，说出来你也许想不到——棉花。确实，棉花占据了明清商业的重要角色。在明清时期，罗店农人纺出的紫花布、花棋布等深受各地棉商的青睐，蜚声江、浙、皖，封一个万花之神也不为过。都说女人如花，女性的美同样要靠这朵万花之王织造出的锦绣衣裳来好好衬托。

至今，罗店古镇仍然屹立着有百年历史的“花神堂”。围绕着它的，还有2005年宝山区政府修旧如旧恢复的明清时期建筑群。2017年农历二月十二，首届上海宝山罗店花神庙会就在罗店花神堂举行——在罗店的历史长河中拾遗耀眼文化，吸引了许多市民到场。花神娘娘的形象更让女性市民流连驻足——整场活动包括了祈福仪式、巡街表演、专场演出、文化书画展四个环节。在盛大的祈福仪式中，演员们用歌舞、戏剧等不同的艺术形式咏花颂花，舞台上如同百花绽放。花团锦簇、故里巡游，生动形象的百花仙子、花神娘娘深深唤醒了人们对于罗店的乡土记忆。同时，罗店的本土艺术家们还用纸笔惟妙惟肖地展现“万花主宰”“棉业兴商”“繁花似锦”“春色满园”的艺术主题，让花神永驻民间。

2017年年初，罗店镇开启了国家历史文化名镇的申报。假如你第一次来到罗店古镇，可能会误以为来到了安徽——古镇上保留着大量徽派风格的古建筑和桥梁，宝山寺、花神堂、大通桥、丰德桥……作为国家4A级景区，位于罗店镇潘泾路2888号的闻道园更是上海最大的私家园林——这里以古徽派建筑复建为主要特色，汇集了明清时代的雕花老楼、徽州名宅、楠木厅和保存完好的万历年间的贞节牌坊和道光年间的贞寿牌坊，加上奇石博物馆、古石刻博物馆、闻道园书画院、长风书院等一系列的文化艺术收藏馆厅。

白墙瓦黛、雕梁画栋，一叶一木都流露着历史的痕迹。这要感谢有识之士，在安徽古宅面临拆迁时，毅然将一砖一瓦、一栋一梁收集起来，原样“移植”到此处。

“传承700年花神故里，打造长江口上的中国历史文化名镇”，罗店很古，也很新。

地址：
上海市宝山区新桥街与罗升路交叉路口

公交、地铁线路：
地铁 7 号线；公交彭罗线等

TIPS

□罗店还有两张文化名片，一张是罗店龙船，另一张是罗店灯彩。每年都会举办一届规模盛大的罗店龙船文化节。

□罗店龙船博览馆、罗店龙船广场、镇文化活动中心、民俗文化博览馆都是罗店的地标，来参观闻道园的同时别忘了也去逛逛。

秦怡艺术馆

己亥年大年初四，秦怡迎来了 97 周岁的生日，2019 年也是她从艺 80 周年。

1922 年，秦怡出生于上海。1938 年，16 岁的秦怡从上海躲避战乱来到武汉。一个非常偶然的机会，她遇见了应云卫导演和史东山导演，两位导演一眼看中了秦怡，并邀请她到电影制片厂来做演员。就这样，秦怡误打误撞地加入了中国电影制片厂，从此开启了漫长的表演之路。

作为一位享誉国内外的当代杰出艺术家，秦怡在 20 世纪 40

年代被誉为中国戏剧电影界的四大名旦之一。作为一名社会活动家，秦怡曾与周恩来、邓颖超、陈毅等老一辈无产阶级革命家交往并结下深厚的友谊，并与郭沫若、夏衍等近百位中国文化领导人及著名艺术家共事。作为一名优秀的共产党员，秦怡在《青春之歌》中塑造的林红，是她入党之后的第一个银幕形象，更是至今为止中国银幕上流传不灭的共产党人形象之一。

相比事业的成功，秦怡的生活充满了波折。秦怡的丈夫金焰，是中国电影史上第一位最佳男演员，有“电影皇帝”之称。1948 年，两人的儿子金捷出生，乳名小弟。“文革”时期，秦怡被诊断出肠癌，手术后就被下放干校劳动。此时，小弟因为父母双双被冲击，突发精神分裂症。1983 年金焰去世后，秦怡悲恸欲绝，儿子成了她唯一的精神支柱。在很长一段时间里，为了照顾小弟，秦怡不论去哪儿拍戏，都带着他。2007 年 3 月，59 岁的金捷也平静地离开人世。作为母亲的秦怡，从儿子生病那刻起整整照顾了他 43 年。

在经历了失去丈夫、儿子的痛苦后，秦怡把所有的精力都放

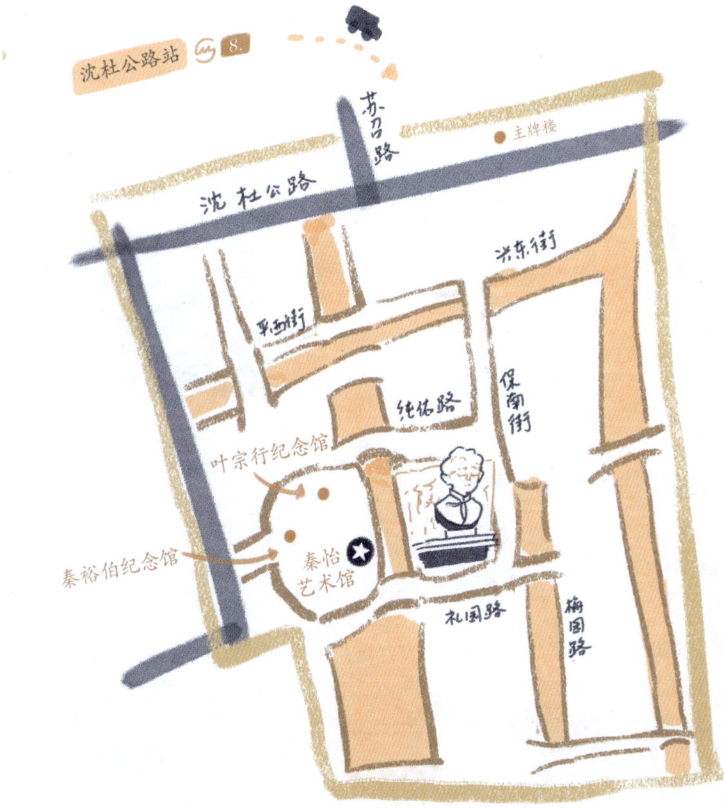

在公益事业以及她所一直热爱的电影事业上，她的日常生活被电影、剧本还有各种社会活动占满。

值得庆幸的是，2011 年，秦怡艺术馆在上海闵行浦江镇召稼楼礼园内落成。这是我国至今仍活跃在影视剧坛的艺术家，以个人姓名命名的第一座艺术展示馆。为什么要把艺术馆设在浦江镇？原来，豫园城隍庙供奉的城隍老爷秦裕伯，按照现在的行政区划，其实就是闵行浦江镇人。秦怡就是秦裕伯的后代。

艺术馆内，透过粗粝的胶片，人们或许可以复原时代的底色；重温她的角色，或许就是阅读史书的册页。穿越岁月的雾霭，中国电影流光的长廊里记载着她的绝代芳华。

地址：
上海市浦江镇召稼楼礼园内

公交、地铁线路：
公交闵行 10 路、175 路等

TIPS

□召稼楼古镇是上海农耕文化的发祥地，至今保存着大量明清时期古建筑，如今是国家 4A 级景区。秦怡艺术馆所在的礼园，还建有上海城隍秦裕伯纪念馆和江浦合流叶宗行纪念馆。

2015 年，一条《上海“最美图书馆”原来在嘉定，被美国人评为全球最佳》的微信被大量转发，原本知名度并不算很高的嘉定图书馆新馆迅速“火”了起来。其实，它在业内早就享有美誉，美国权威设计杂志《Interior Design》评选它为 2013 年“全球最佳公共图书馆”。对空间的巧妙运用和大量人性化的细节，颠覆了人们对传统图书馆的认知。

嘉定图书馆建筑面积1.6万平方米，设计藏书量60万册，2013年6月正式对外开放，目前馆藏30万册。图书馆西边是紫气东来景观公园，东侧是远香湖，具有江南庭院式风格的现代建筑素雅简约，空间安排极其令人舒适，无论身处哪个阅览室、休息室，还是走廊露台，满眼都是碧水绿树和竹林掩映，令人心旷神怡。

嘉定图书馆具有江南庭院式风格的现代建筑素雅简约，空间安排极其令人舒适。

巧的是，嘉定图书馆的两任馆长都是女性。首任馆长金燕，2002年从嘉定博物馆调至嘉定图书馆担任副馆长。“当时的图书馆还很小，外借图书只有2万册，馆内设施陈旧，没有空调，只有几个吊扇在头顶上吹。一些老年人穿着汗背心、短裤、拖鞋过来看书。图书馆晚上也不开放。”回忆老馆当年的模样，金燕仍然记忆犹新。“2004年图书馆改造后，我们发现读者量猛增，给了我们很大的启发和信心：人们对图书馆还是有需求的。随后，嘉定开发新城，给图书馆带来了机遇，希望我们拿出新馆的建设方

案。”

2008年，金燕和她的团队正式开始筹建嘉定图书馆新馆，他们给新馆的设计定下一个原则：“不必太大，但必须是一个读者愿意来的地方。”于是，他们请了业内顶尖的外装和内装设计师，还专门去了广州、深圳考察，看到了那里的24小时无人图书馆，觉得可以借鉴，而且要比它们做得更大一些。又去了长三角，在杭州图书馆，发现那里的书里有芯片，这样使借还书更快速、更便捷……

最终，嘉定图书馆的建筑设计，由美国南加州大学建筑学院院长马清运担纲。他曾说过：“在一个良好的公共空间，你追求的这种美好感受，都会因为这个空间而加强，这才是一个良好的公共空间所应该具备的素质。”为嘉定图书馆进行室内设计的，是中国台湾著名的朱周空间设计公司，他们非常注重细节和中国传统，处处为读书人打造实用又惬意的空间，事先还很深入地了解了嘉定的文化特色。

2018年出任馆长的黄莺，不仅保持嘉定图书馆的网红热度，还注重让更多人参与阅读。2017年1月起，嘉定就瞄准人流量大但公共图书资源较为缺乏的空白点，开设了多个“我嘉书房”，每个书房平均藏书超过5000册，纳入上海市中心图书馆服务系统，并且24小时免费开放，市民可以在这里阅读、自助借还图书、参加讲座……如今，“我嘉书房”已开了30家，是全市首个以政企合作模式运行的24小时公共图书馆。“我们希望通过统一的管理制度、标准化的运营，为百姓提供优质的图书服务。”黄莺说。

地址：
上海市嘉定区裕民南路1288号

公交、地铁线路：
公交嘉定15路、嘉定4路、嘉定9路、嘉定14路等

TIPS

□保利大剧院：位于嘉定白银路159号，是拥有水景剧场的高端剧院，但其坚持了一条平民化的理念：“月月有公益场，场场有公益票”，让高雅艺术走进群众生活。

□远香湖公园：是上海西区最大的人工湖，也是嘉定新城的景观地标，湖面形状宛如上海的“海”字，与上海国际赛车场的“上”字遥相呼应。

枫泾古镇

枫泾的人文历史可以追溯到公元前21世纪夏时代的防风氏部落。那时，枫泾属于其领地。南北朝梁天监元年（502），枫泾南栅建仁济道院。同时，有了最早反映枫泾镇区先民聚居的文字记载。

枫泾镇成市于宋，建镇于元，是一个已有1500多年历史的文明古镇，地跨吴越两界。枫泾镇为典型的江南水乡集镇，周围水网遍布，区内河道纵横，素有“三步两座桥，一望十条港”之称，镇区多小圩，形似荷叶；境内林木荫翳，庐舍鳞次，清流急湍，

具有1500多年历史的枫泾镇为典型的江南水乡集镇，“三步两座桥，一望十条港”。

且遍植荷花，清雅秀美，故又称“清风泾”“枫溪”，别号“芙蓉镇”。

明清这里有过“日出万匹”的枫泾土布，枫泾的蓝印花布现在成为一种工艺品。近代史上这里发生过最早的织工工潮。清代镇上布局众多，江南织造也在枫泾设立机构、工场，生产、收购棉纺织品。枫泾布行销全国。枫泾因而与盛泽、南浔等成为当时最为著名的江南古镇。

清朝后期，米麸业取代衰落的土布业，使枫泾工商业再度兴盛。到近代，枫泾薄稻和枫泾猪成为远近闻名的农副业品牌。20世纪

30 年代起，枫泾又成为中国黄酒的重要产地。黄酒和 100 多年来盛销不衰的枫泾丁蹄、桂花状元糕、天香豆腐干三大土特产被今人称作“枫泾四宝”。

枫泾古镇人杰地灵，历史上出过不少名人。自唐朝以来，古镇上走出了 3 位状元、56 位进士、122 位举人。无论官职大小，他们都始终将先祖教诲铭记于心，为官清廉正直，坚守气节品格。这里还有围棋一代宗师顾水如、国画家程十发、漫画家丁聪……

枫泾古镇上有个“三百馆”——“百篮馆”“百灯馆”和“百扇馆”，展示当地人的日常生活。以“百篮馆”为例，除了花篮、摇篮、礼篮、菜篮，还有女工用的针线篮以及蒸东西的烘篮、烟

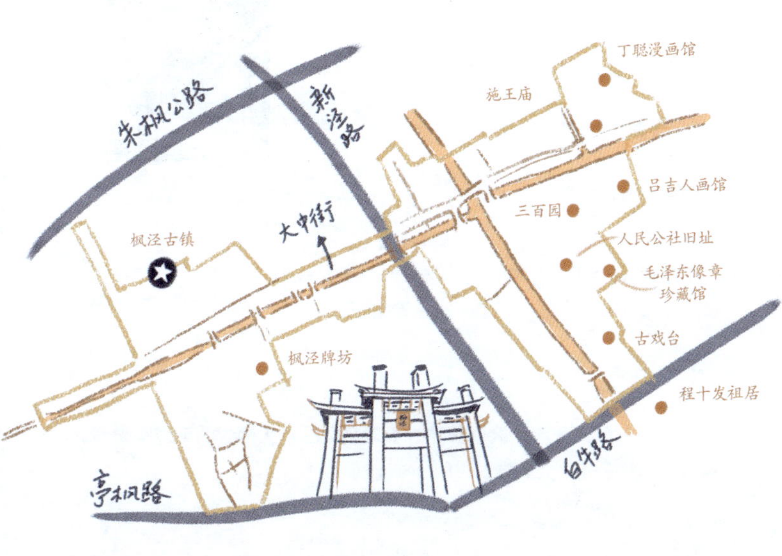

篮等 100 多只用途各异、形状不一的篮子实物。“河多桥多弄堂多，我伲屋里篮头多。”篮是江南人家生活的必需品，几乎陪伴了人的一生，出生时睡摇篮，读书时提书篮，定亲时带的“姑娘篮”，还有成亲时挂的花篮、摆的礼篮和日常用的饭篮、菜篮，上坟祭祖用的香篮，做寿用的寿篮……

枫泾古镇除了风景美，还保留了水乡风俗。枫泾人民热爱生活，蓝印花布、家具雕刻、灶壁画、花灯、剪纸、绣花、编织等民间艺术源远流长。浓郁的民间文化艺术，孕育了金山农民画。以枫泾农民画家为主的金山农民创作出了乡土气息浓郁、艺术风格独特的金山农民画，在海内外产生了广泛的影响。

地址：

上海市金山区朱枫公路 1599 号

公交、地铁线路：

公交枫梅线、金枫线、朱枫线、青枫线、松新枫线、松枫专线、莘枫专线、枫戚专线、石枫专线、嘉善—枫泾专线等

TIPS

□枫泾古镇景点：古长廊、程十发祖居、丁聪漫画馆、人民公社旧址、三百园、东区火政会、枫泾牌坊、古戏台、吕吉人画馆、毛泽东像章珍藏馆、施王庙、天命堂。

上海市金山区廊下小学

廊下小学位于充满诗情画意、风光无限好的上海市新农村示范区——金山区廊下镇。1904 年，廊下名人何静渊先生在斗姆阁上创办了“开智初等小学”，这是本区域近代新文化运动的产物，引领廊下一代的风骚。

学校从以“开启智慧，报效社会”为宗旨的创始校“开智初等小学”至今，已形成了浓厚的百年文化气息和深厚的百年文化积淀，校园文化成为学校特色品牌，可谓“文渊德厚”。学校虽

是一所普通的乡镇小学，但仰望天空，志在高远，敢创一流，又能脚踏实地，行在脚下，做在细节，可谓“志远行近”。

廊下小学是廊下镇十大景点之一，是廊下新农村建设的一个文化窗口。2004 年，学校百年庆典。相继创建“开智石”“何朱两先生纪念堂遗址”“老房子”“西校门”“鲜军雕像”“书山有路”等十大人文景点。

2012 年始，“校园安全工程”和“漕廊公路观光带”的实施，为廊小校园文化提升提供了一个千载难逢的契机。学校先后新建桃李园、松梅园、莲湘园、童趣园、稚乐园，运动区、休闲区、表演区，斗姥阁和何鄂雕塑馆等“五园三区”“一阁一馆”，新增“静渊亭”“志贤门”“何朱两先生铜像”“1917年老照片石刻画”“村校边门”“能歌善舞雕塑”“校训石”“思乡泉”“欢乐大舞台”“牡丹石”新十大人文景点。

值得一提的是，廊小校园文化建设还得到学校创始人后裔、全国著名雕塑家何鄂女士和她的胞弟、高级工艺美术师何顾继德先生的关心及支持，他们姐弟俩为廊小校园文化建设做出了特殊贡献。

何鄂女士1937年出生在廊下，是何静渊先生的第四代后裔，只因当年日军侵占中国，从金山卫登陆，何家与金山诸多大家族一样，举家离乡逃难，之后，就一直生活在西北。何鄂1955年毕业于西北艺术学院美术系雕塑专业。如今，她是中国美术家协会雕塑艺术委员会委员、中国雕塑学会常务理事、甘肃何鄂雕塑院院长。

何鄂对家乡充满着深厚的感情，多

2014年，“何鄂雕塑馆”在廊下小学成立110周年之际建设落成。

次回家乡寻根探望，并先后在上海美术馆、家乡万春苑举办过雕塑作品展，也先后给金山区政府、廊下镇政府、百年廊小捐赠过雕塑作品。可能是那代人思乡恋乡的感情至深的缘故，何鄂心里还一直藏着一个夙愿：要把她一生中最有影响、最有价值的雕塑作品，在故乡的土地上永久展示，以回报故乡热土。

2014年，“何鄂雕塑馆”在廊下小学成立110周年之际建设落成。在雕塑馆内共计展出了何鄂的20多件雕塑作品，以展板形式展示了何鄂的80多件雕塑作品。在雕塑馆的显著位置展出的《黄河母亲》曾获全国首届城市雕塑优秀奖，象征着哺育中华民族生生不息、不屈不挠的黄河母亲和快乐幸福、茁壮成长的华夏子孙。

地址：

上海市金山区益民路50号

公交、地铁线路：

公交廊下1路、2路、3路、4路、连廊专线、金张卫支线等

TIPS

□廊下郊野公园：廊下小学往西两公里处，是上海首家开园并以“生态、生产、生活”为主题，以“农村、农业、农民”为核心，集现代农业、科普教育、文化体验、旅游休闲于一身的“主题农场”型郊野公园，也是上海第一个对外开放的郊野公园。

广富林文化遗址

说起上海的历史，人们往往想到的就是一个小渔村，在19世纪开埠后逐渐变得繁华，成为现在的经济之都、时尚之城。事实上，上海有一种距今约4000年的考古学文化——广富林文化，印证了上海早期移民特色的历史变迁。

广富林，原称皇甫林、广福林，位于松江城西北六公里，辰山塘东岸。广富林地区地处上海市松江大学城，古代属于华亭谷范畴，孕育了灿烂的广富林古文化，是上古时期东吴东部文化、政治、经济和交通中心。

广富林文化，到2006年才被专家确定为一种距今约4000年的新见的考古学文化。它不仅包含了来自南方的良渚文化痕迹，也有来自北方黄河流域的龙山文化印记。广富林遗址第一次被发现是在1958年，当时广富林村民在开挖河道时，发现了很多古陶片，后经调查，确定为重要古文化遗址。

广富林遗址是目前上海地区发掘面积最大的一个遗址，具有重要的研究价值：一方面因为遗址从5500多年前，大约从崧泽文化（距今6000—5400年）晚期开始就未断过人烟，代表了上海地区生生不息的悠久历史；另一方面以广富林遗址发现而命名的广富林文化与良渚文化（距今5400—4300年）明显不同，是研究长江下游地区早期文明发展进程的重要材料。

据悉，古老的广富林聚落，具有父系氏族公社的社会特征。白天，男人从事繁重的农业生产劳动，女人从事家务和家禽养殖等相对轻便的生产劳作。女人以动植物纤维为原料捻成线，用纺轮等工具纺织，再用骨针缝缀遮体御寒的衣裳。晚上，家人吃饭时，男子多有饮用米酒的习惯。人们因没有灯火照明，习惯于早睡早起。妻子从夫而居，过着一夫一妻的家庭生活。妻子生产后，孩子的世系从父计算，财产也由父系继承。总之，父亲是一家之主，这种社会形态，称为“父系家长制”。

2018年，广富林文化遗址一期正式对外开放。广富林文化展示馆设置在水下，结合现代视听技术，为观众开启一场“时空之旅”：看先民们如何生活：渔猎耕种、制作陶器、饲养家畜……看一个原始村落如何逐步走向一座繁华之城：唐天宝十年（751）这里首次有了稳定的县城——华亭县，元至元十四年(1277)华亭升县为府，次年改称“松江府”……时光荏苒，从2007年的城中村到如今的田园风光，十年磨一剑的广富林文化遗址还有很多看点，如遗址保护区、骨针广场、陈子龙纪念馆、富林照壁、集贤坊、富林塔（仅外部观赏）等。

考古精品展示馆，外观看似几个半埋地下的破损古陶，内部陈列着广富林遗址考古出土文物中的代表性器物，并设有专门的修复空间；以及古窑博物馆，不仅用于陈列展示发掘的古陶，还兼具现场制作体验和烧制工艺实验。可以让观众领略到广富林文化的形式和价值。

地址：
上海市松江区广富林路3260弄

公交、地铁线路：
公交松江15路、松江24路等

TIPS
□广富林郊野公园：位于上海市松江区佘山国家森林公园南侧，紧邻广富林文化遗址，是上海第六家开放的郊野公园。公园北起辰花路，南至广富林路，东起辰山塘，西至油墩港，总占地面积约4平方公里，整个公园共有7个出入口。

杜氏雕花楼

它曾是松江最美的一座楼，现在是非物质文化遗产传习基地。

它的名字叫杜氏雕花楼。

杜氏雕花楼，本为当地名绅杜岭梅的住宅。据杜氏后裔回忆，此楼或建造于清嘉庆年间，系四棣三进庭院式建筑，建筑造型和雕刻艺术均有极高的艺术欣赏价值和研究价值，乃松江地区绝无仅有的古代建筑雕刻之精品。其中，院落第三栋是主建筑“雕花楼”——杜氏为女儿成婚所造的新楼。砖墙立柱、穿斗式木构架，榫卯组合，圆木柱承重；小青瓦白粉墙，色调素雅，江南水乡民间古宅的韵味，呼之即出。

最独特的，当属宅子的雕刻工艺。厅堂内雕梁画栋，榄窗、格扇均用进口玻璃和蛤蜊镶嵌，栏杆、挂落、雀替、斗拱等装饰小构件，施以花卉、云纹、人物、鸟兽等木刻浮雕、通雕，美不胜收。楼上有走马楼，第三栋与第四栋之间除有天井、厢房外还有一处过道口，第四栋有后门直通屋后的田园，别具雅意。

当年的雕刻匠师们，用简练的刀法，刻出栩栩如生的人物山水、

建筑造型和雕刻艺术均有极高的艺术欣赏价值和研究价值，乃松江地区绝无仅有的古代建筑雕刻之精品。

草木屋舍，形象逼真，巧夺天工：梁檩上文官谦恭、武将威严、老翁飘逸、侍女娇婷。千姿百态的花卉、重重叠嶂的山峦、郁郁葱葱的树木、错落深远的背景，特别是一对木雕双龙抢珠，造型生动，让人如临其境，恍惚不知天上人间也。

如今，建筑已经被划分为作品展览区、制作演示区、互动体验区、艺术欣赏区等，以静态和动态两种形式相结合，把参观者带进松江民俗文化生活的美妙诗篇中。底楼设置为“杜氏雕花楼”介绍、松江皮影馆、余天成堂传统中药文化、松江古代戏曲历史、俞粟庐俞振飞父子介绍等场馆。后进为松江农耕历史及花篮马灯舞、竹编等场馆。二楼有顾绣发展史介绍场馆，场景为韩希孟（明代进士顾名世孙顾寿潜之妻，顾绣大家）书房、闺房、绣房和客房等，南面为松江古代蒙童馆和书道、茶道、剪纸实践区。

松江顾绣，天下驰名，2006 年入选国家级非物质文化遗产名录。顾绣起源于明代松江府地区的顾氏家族，因顾名世而得名，故世称松江刺绣为“顾绣”。它以名画为蓝本，心摹手追，绘绣合一；其精微、细致、品位，实与上海这座江南城市的形象丝丝入扣。擅写上海的作家王安忆，更曾以顾绣为题材，将顾氏露香园演绎成申城天香园，诉尽家族盛衰、朝代更替，道出了一段绣品传奇，还原了一段海上旧事……

玉貌红颜的绣娘，今安在？出神入化的绣工，今安在？都在，顾绣之灵，活在董其昌赞颂的辞赋里，也活在顾绣传人的手里。

只是，我们千万要珍惜，勿让非遗后继无人。

地址：
上海市中山西路 266 号

公交、地铁线路：
松环 1 线、松江 2 路、松昆专线、松边线、松练专线等

TIPS

□松江区非物质文化遗产传习基地以普及非物质文化遗产知识、传承非物质文化遗产项目技艺为宗旨，传习基地全年免费对外开放。

□周边松江仓桥、松江府城、醉白池公园、方塔公园也都是看点。

练塘古镇

练塘，原名章练塘，位于江、浙、沪二省一市黄金交会处，以“鱼米之乡”“茭白之乡”闻名遐迩。

练塘历史源远流长，春秋时，练塘属吴，战国时属越，后为楚春申君黄歇之封地，太湖、汾湖、淀山湖水在此汇合进入黄浦江，是真正的黄浦江上游源头。练塘建镇已有1100多年历史，唐代刺史章仔钧偕夫人练氏镇守于此，因多水塘，故名章练塘。

练塘的旅游资源丰富，明清以来的建筑群总面积达 10 万平方米，已经确认的上海市文物保护单位有 2 处，即陈云故居和金山坟遗址；区级文物保护单位有 9 处；文物保护点 24 处。

“高屋窄巷对街楼，小桥流水处人家”是练塘独特的景观。练塘古镇的核心是东西走向的市河（俗称三里塘），全长 1500 多米，市河北侧街道为上塘街、南侧街道为下塘街。在市河东段 500 米处向南延伸出另一河道——李华港，形成“丁”字形水系。练

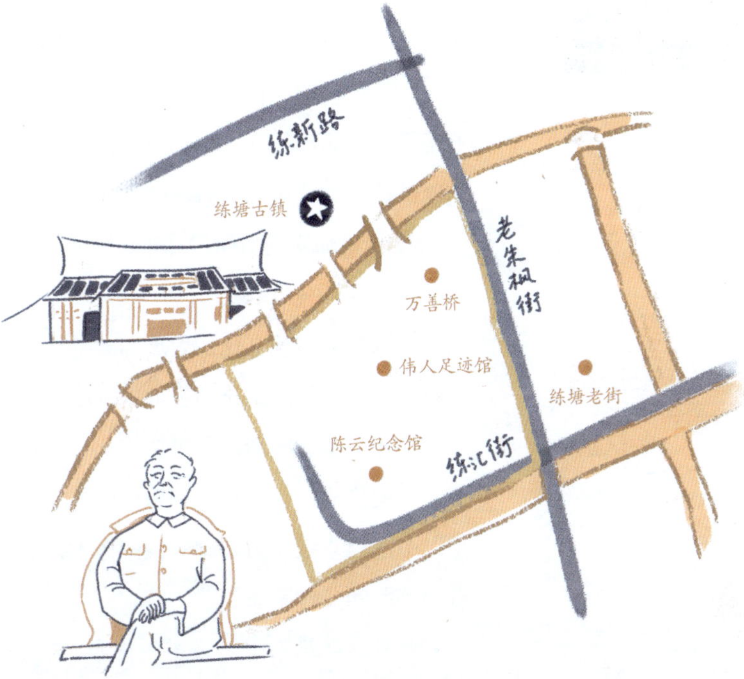

塘古镇主要的四个建筑群就围绕着“丁”字形水系铺开。

位于练塘古镇下塘街95号的陈云纪念馆，为全国爱国主义教育基地。

练塘核心景区的面积是1.3平方公里，大约只有朱家角古镇的一半。虽然小，却保持了遗世独立的宁静和美好。救火会和酱园是古镇上最知名的两处老建筑，如今也只是当地人居住或工作之用。

练塘古镇拥有得天独厚的水环境，在不长的市河上，至今还有义学桥、栈房桥、流芳桥、万善桥、朝真桥、中虹桥、顺德桥、余庆桥等10余座桥掩映在垂柳之间。下塘街还有算盘纪念馆、伟人足迹馆、领袖铜像馆、竹艺馆、下塘街供销社。

2016年练塘成功创建“陈云故里——古镇练塘”国家4A级景区，依托陈云纪念馆，以中华传统文化大发展为背景，在古镇核心区域引进文化项目如中国书画艺术、摄影艺术、酿酒织布民俗文化。练塘镇还有两样非遗——甪经和田山歌，前者是以中医推拿穴位为基础的民间医术，后者则是民间劳作歌曲。

此外，练塘有上海最多的田园，7万

亩的农田面积，让练塘显得地域格外开阔又空气清新。一批沿河的民宿已经运营。2008 年以来，每年一次的茭白节成为上海青浦的一项特色盛会。在茭白节成功举办并打响练塘茭白品牌的同时，“慢旅练塘”美丽乡村休闲游也越来越吸引市区游客。

在众多江南古镇当中，练塘的规模不大、名气不响，但也让练塘少了许多商业味道和喧哗场景，多了几分原汁原味和宁静安逸。

近年来，根据练塘古镇历史风貌保护区规划，按照“修旧如旧、以存其真”的原则，练塘镇对古镇的建筑、道路、石桥、河道以及环境卫生进行了修复、整治。修复了烟雨长廊、下塘街 53 号引进开设了练塘艺术馆、前进街 46 号引进开设了承艺堂，成为水乡文化艺术交流展示的重要平台。

地址：
上海市青浦区老朱枫公路 3501 号

公交、地铁线路：
公交青枫专线、青小线、青蒸线等

TIPS

□陈云纪念馆：位于下塘街 95 号，为全国爱国主义教育基地。六个展馆陈列了革命战争年代和建设改革时期的珍贵史料。纪念馆东首的返乡调研会所生动再现了陈云和当年的工农兵学商代表会谈的场景，陈云母校——颜安小学仍然书声琅琅。

朱家角

朱家角地处江、浙、沪二省一市交通要枢，地理位置十分优越，东靠虹桥国际机场，北连昆山，南接嘉兴，西通平望，淀山湖下游、黄金水道漕港河穿镇而过。镇内河港纵横，九条长街沿河而伸，千栋明清建筑依水而立，36 座石桥古风犹存，名胜古迹比比皆是。朱家角迷人之处是世人皆知的“三多”：名人多，明清建筑多，河埠、缆石、茶馆多。

这里明清两代共出进士 16 人，举人 40 多人。其中知名度较高的有清代学者王昶、御医陈莲舫、小说家陆士谔、报业巨头席子佩、画僧语石等。

历史上许多富贵人家和文人雅士都在此建园造宅，全镇古宅建筑有四五百处之多，风火墙、石库门、墙门人家随处可见。“三

朱家角迷人之处是“三多”：名人多，明清建筑多，河埠、缆石、茶馆多。

泖渔庄”“王昶故居”“福履绥祉”，还有席氏厅堂、陆氏世家、陈莲舫故居、仲家厅堂等数十处，还有无数沿街明清建筑，飞檐翘角，黛瓦粉墙，明清风格组成一幅明清水墨画卷。

古镇茶馆，大多集中在放生桥、北大街一带。

放生桥与佛教有着深厚的渊源。明朝隆庆五年（1571），慈门寺的性潮和尚用15年的化缘积蓄捐建了这座五孔石拱桥，直到今天依然是华东地区最大的五孔石拱桥。为什么要捐放生桥？这和性潮和尚的身世有关。当年，他尚未出生就没了父亲，大腹便便的母亲每天往返于练塘镇两岸之间，靠贩卖蔬菜维持生计。在一次渡河时，母亲不幸落水，她用尽力气游到岸边生下一名男婴后去世了。慈门寺的僧人抱养了河滩上的婴儿，将其抚养成人，

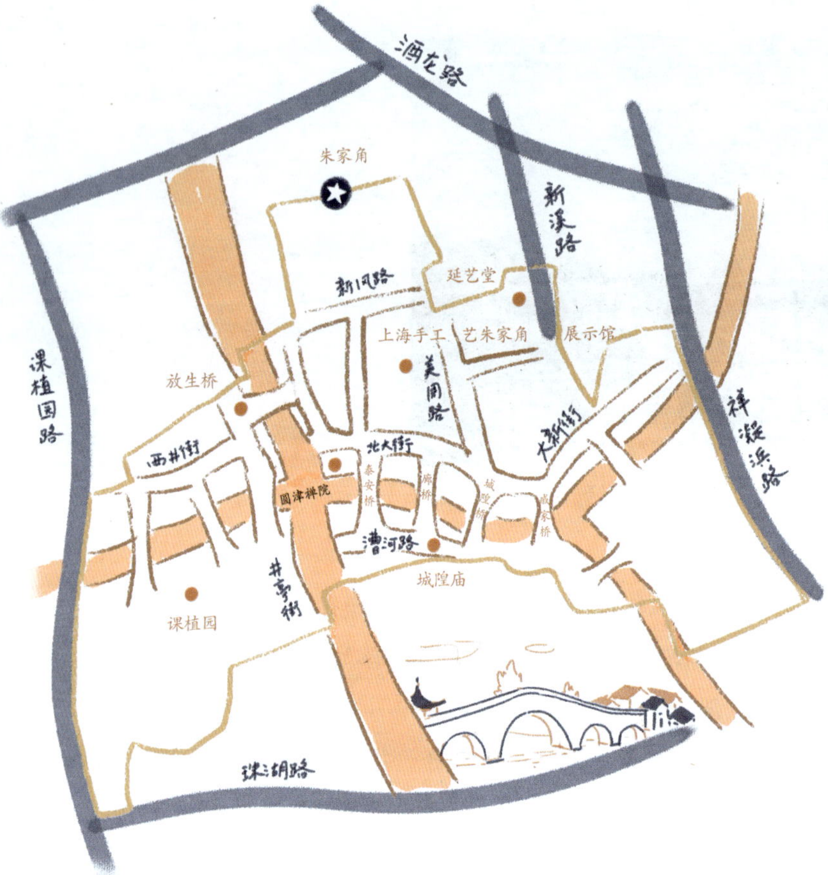

这就是后来的性潮和尚。性潮集资造桥，以告慰母亲的亡灵。

说到茶，朱家角最有名的是“阿婆茶”——源于淀山湖畔民间喝茶的习俗。当时，家家户户的男人都要外出种田、捕鱼或做工，在家的阿婆、媳妇就常常带上各家自制的咸菜、炒豆等围在一起，一边做针线，一边喝茶聊天。有时兴致高了，还会唱唱山歌，哼哼小调，其乐融融。后来，不但男人们也参与进来，还形成了特殊的喝茶用具和礼节。

如今的朱家角有一家“阿婆茶楼”，是一处专门感受“阿婆茶”文化氛围的地方，成为朱家角弘扬民族文化的重要平台。2001 年 APEC 会议期间，各成员国部长的夫人在此品茗小憩，边喝阿婆茶，边欣赏翰林匾额和民间艺术表演，尽享了中国的农家乐趣。到茶楼喝过阿婆茶的有丹麦首相、菲律宾总统、尼泊尔国王以及江泽民、何厚铧、连战、李敖、杨利伟等众多政要和名人。

地址：

上海市青浦区朱家角北大街

公交、地铁线路：

公交朱高速快线、朱徐线、上朱线、青岑线、青枫线、青商线、青石线、青商专线、青小专线、朱家角 1~3 路等

TIPS

□朱家角景点：戚家桥、廊桥、泰安桥、北大街、涵大隆酱园、课植园、上海手工艺朱家角展示馆、圆津禅院、大清邮局、童天和国药号、延艺堂、朱家角人文艺术馆、上海全华水彩艺术馆。

奉贤贤园

上海奉贤“贤文化”建设，源于有关奉贤地名的传说。相传春秋时孔丘弟子言偃曾来此讲学，清代设县时，取“敬奉贤人”之意命名为奉贤县，这既是一种精神愿景，也是一种历经千年的文化自信。

2014年，奉贤区将奉浦四季生态园命名为“贤园”，意在将地区特色的“贤文化”融入社会主义核心价值观主题公园的建设中。

贤园东至奉浦河，南至航南公路以北，西至韩谊路以东，北至住宅小区，总用地面积超过16万平方米，绿化面积9.2万平方米。

园内水系西接淀港，东通奉浦河，形成内外连通的整体水系。同时，绿化品质大大提升，通过丰富植物品种，增加大乔木和中层色叶、开花小乔木，又选择杏树为公园特色树种，配合其他各色花木，形成一花独放、百花争艳、春景秋色的公园景象。

走在贤园中，各处都充满着带有“贤”元素的景色，从园门口的思贤印、忆贤壁到言子像、诵贤墙、行贤桥、讲贤堂，以时间主线为轴，展示出“贤文化”在奉贤历史长河中逐步演变发展的过程。

思贤印——以阳刻的手法，在一方 18 立方米的石头上深深地篆刻出一个“贤”字，意在启示人们。

忆贤壁——为了让更多的人了解奉贤，共同来“敬奉贤人，见贤思齐”，在周长 28.8 米（注：从 1726 年奉贤正式设县至贤园建成有 288 年的历史）的立体石墙上做了展示。

言子像——作为“万师代表”孔子的江南弟子，言偃秉承师教，只身来到奉贤，以儒家思想开化奉贤的“百工”（盐工、渔民、匠工等）。他施教的最大特点是适应当代社会的实际需要培养学生。这种经世致用的育人宗旨在儒学中独树一帜。

诵贤墙——记录贤文化的历史步伐，以及已故的奉贤贤人名士的故事，再以墙体边缘凹凸形状、墙面的留白来代表贤文化蜿蜒的发展之路。

行贤桥——奉贤素有“桥乡”之称，行贤桥意为贤人行走之桥，寄托了广大优秀学子走出桥乡，将贤文化发扬光大之意。

此外，在贤园内有一条著名的“百米文化长廊”，长廊由 42

块半弧形中国红的宣传框组成，每个宣传框背面嵌有不同字形的“贤”，寓意“敬奉贤人，见贤思齐”。

早在20世纪七八十年代，奉贤就开始积极践行和培育社会主义核心价值观，并以“贤文化个性化”为探索方向，探索挖掘“家文化”深刻内涵，以创建上海市郊区首个全国文明城区为抓手，以家庭为单位，以好家风好家训为载体，推进“敬贤、学贤、扬贤、做贤”氛围深入千家万户。值得一提的是，奉贤区还整合团委、妇联等资源，形成“贤园微公益”等志愿服务品牌，引导进园市民开展“随手公益”，一起参与“贤”的建设、弘扬“贤”的精神，这些均收到了意想不到的效果。这也是贤园受市民欢迎的内在原因。

地址：

上海市奉贤区奉浦社区韩谊路 515 号

公交、地铁线路：

地铁 5 号线；公交南闵专线、莘海专线、虹桥枢纽 5 路、南航线等

TIPS

□同样位于奉浦四季生态园内的贤韵青年中心，以上海市爱国主义教育基地贤园为主要活动区域，通过一条文化主线“贤文化”、一个网络阵地、三大实体阵地（一筑“贤韵小筑春及庐”、一堂“讲贤堂”、一长廊“贤文化展示长廊”）、N 项特色服务，打造青年服务综合平台。

崇明学宫

崇明学宫为现今上海仅存的三座比较完整的孔庙之一，是专门祭祀孔子的场所，也是旧时官办的地方学府。

听上去，崇明学宫的名头似乎没“老伙伴们”上海文庙、嘉定孔庙那么响亮，但它其实大有文章。其殿、宫、堂、厅、祠、阁等皆完备，属于保存较好的明清建筑。现址又称崇明博物馆，馆内列有“崇明岛史与古船陈列”“崇明民俗陈列”“临时展厅”等，系统介绍了崇明的悠久历史和文化遗产——崇明素有“长江门户”“东海瀛洲”之美誉，所以，“崇明往事”阿拉绝不可不察。

学宫正门前左右两侧，东边牌坊上一面镌刻着“道冠古今”，一面镌刻着“学海”；西边牌坊上一面镌刻着“德配天地”，一面镌刻着“朝宗”。两牌坊飞檐翘角，装饰精美，气势不凡，据载始建于清康熙二十三年（1684）。

《龙鱼河图》云：“上天有天镇星，其精下为灵星之神。”引申开来意为，古时士人进入此门后如鱼化龙，象征封建统治者有得士之庆。灵星，即棂星，又名天田星，古时，天子祭天，先祭棂星。学宫以棂星门作为正门，指尊孔如尊天，孔夫子在人们心中至高无上的地位，由此可见一斑。

戟门是学宫的第二道大门，又称“大成门”。“大成”得名于“孔子之谓集大成”。古乐一变为一成，九变而乐终，至九成完毕，称为大成。戟门之北，正对着学宫的主体建筑大成殿。该殿原是祭祀孔子的主要场所，重檐歇山顶形式，宏伟开阔，磅礴巍然。正门前八根朱红色的门柱，像擎天柱一样撑起巨大的双层屋顶，蓝底金字的“大成殿”匾额悬挂于上下屋檐之间。大成殿东西两边的古建筑是东庑和西庑，它们原是专列孔子的弟子及历代

崇明学宫为现今上海仅存的三座比较完整的孔庙之一，是专门祭祀孔子的场所，也是旧时官办的地方学府。

儒家学者牌位的地方，现在和大成殿一样，亦是崇明博物馆展出“崇明岛史与古船陈列”的展厅。

“崇明岛史与古船陈列”，以及布置在学宫尊经阁和崇圣祠内的“崇明民俗陈列”，都主题鲜明，脉络清晰，翔实丰富。“崇明岛史与古船陈列”由序厅和六个单元的内容组成，运用了文物、模型、雕塑、沙盘、布景箱、图片和先进的视听手段、通俗简明的文字说明，真实地反映了崇明岛的形成及其政治、经济、交通、水利、文化等各方面的发展和建设成就。“崇明民俗陈列”，则主要通过集镇、民间家庭居室、农耕、纺织等生动逼真的场景，再现了崇明人民的辛勤劳动和节俭淳朴的生活，给人以身临其境的真切感受。其中，既有19世纪末、20世纪初崇明老街商业景致的生动展示，又有崇明典型的传统民宅“四厅头宅沟”及其室内家居布置的模拟再现。耕织部分，重点向人们展出了30余件功能各异的常用生产工具，为“四体不勤，五谷不分”的现代人长知识。

欲知崇明，先至“学宫”——学海无涯，我辈当终生不懈才是。

地址：
上海市崇明区鳌山路696号

公交、地铁线路：
地铁3号线转116路B线，再转南宝线高速客渡，南门码头下

TIPS

□崇明学宫，算是目前整个上海地区面积最大的一座孔庙。

□“崇明岛史与古船陈列”展出的两艘唐、宋古船，为镇馆之宝，是上海独一无二的珍贵文物；我国四大船系之一的崇明沙船，更以其独特的功能蜚声海内外。

40条线路 发现上海

上海市文化和旅游局向游客发布，深度感受上海发展成果的40条精彩旅游线路，串联起了上海16个区的特色资源，带大家一起“看大戏，品美食，游上海”。

城市追梦时光 上演“演艺大世界” 01

中共一大会址纪念馆→上海城市规划展示馆→上海市历史博物馆→云南路美食街→上海大剧院欣赏剧目（黄浦）
推荐游览时间：半日游、一日游
交通：地铁 1 号线黄陂南路站、地铁 1 号线人民广场站，全程均可步行。

02 滨江公共空间 海派艺术盛宴

徐汇滨江大道→西岸艺术中心→徐汇滨江油罐艺术中心→徐家汇美罗城上剧场·观演（徐汇）
推荐游览时间：半日游
交通：徐汇滨江段均可步行，也可乘坐浦西滨江 1 路。徐汇滨江油罐艺术中心到达美罗城上剧场，可乘坐地铁 11 号线徐家汇站下。

享受城市更新 明媚春色之旅 03

长宁虹桥艺术中心·演出→长宁幸福里·新街区新休闲→刘海粟美术馆·观展→上海国际舞蹈中心·演出（长宁）
推荐游览时间：半日游
交通：整条线路由地铁 10 号线串联而成，涉及站点为虹桥路站、水城路站等。

04 赏文博看大戏 感受文艺元素

上海电影博物馆→上海博物馆→上海大剧院（徐汇 黄浦）
推荐游览时间：一日游
交通：地铁 1 号线。

05 逛文化街区 品文化大餐

漫步武康路·阅读建筑→观演复兴中路·上海交响乐团→上汽·上海文化广场→宁静岳阳路·感受街巷风情（徐汇 黄浦）

推荐游览时间：一日游

交通：可从武康路一路步行前往。

06 漫步街区——“遇见”邬达克

国际饭店→大光明电影院→何东旧居→吴同文故居→美琪大戏院（黄浦 静安）

推荐游览时间：半日游

交通：地铁 1 号线人民广场站附近参观，参观沐恩堂后乘坐地铁 1 号线到达陕西南路站，之后的行程步行可到达。

07 生命礼赞公益行

中国航海博物馆→上海鲜花港→上海野生动物园→新场古镇→上海东方艺术中心

推荐游览时间：一日游

交通：这条线路的几个景点之间可通过地铁 16 号线转接，但地铁站和景点之间需要搭乘短驳车或短途公交，建议自驾。

08 感受峥嵘岁月 夜赏经典大戏

多伦路名人文化街→山阴路·鲁迅故居→李白烈士故居→中共四大纪念馆→ERA 时空之旅（虹口 静安）

推荐游览时间：半日游

交通：从多伦路开始步行，沿途探访。

09 上海百年老马路 网红街区之旅

愚园路风貌保护区红色弄堂《布尔什维克》编辑部旧址→愚园公共市集→富春小笼→上海戏剧学院→上生新所（哥伦比亚乡村俱乐部）（长宁 静安）

推荐游览时间：一日游

交通：可步行游览愚园路风貌保护区的各个景点，随后乘坐 71 路（中运量）到达上生新所和静安寺。

弄堂微游时光 海派文艺高地 10

田子坊→上海琉璃艺术博物馆→思南公馆→中国共产党代表团驻沪办事处旧址（周公馆）→兴业太古汇→中国大戏院（黄浦 静安）

推荐游览时间：一日游

交通：田子坊至思南公馆之间建议步行，周公馆也在步行区域内。随后可乘坐地铁 13 号线到南京西路站，游玩兴业太古汇和丰盛里。

11 上海味道——漫步老城厢

豫园赏春·梅芬芳→南翔小笼·春季宴→上海老街·淘宝去→梦花街·走街串巷→相爷府·品茶听相声（黄浦）

推荐游览时间：半日游

交通：地铁 10 号线豫园站可到达城隍庙地区，全程均可步行到达。

胶片上的光影 城市旅行地图 12

长宁区少年宫·王伯群故居→华东政法大学·长宁校区→新华路花园里弄→上海纺织服饰博物馆→皇冠电影酒店下午茶→上海影城（长宁）

推荐游览时间：一日游

交通：可从长宁区少年宫骑行，沿途探访两个学校和部分老建筑，乘坐地铁 11 号线交通大学站下，步行至新华路和上海影城。

13 穿越历史 聆听回响之旅

广富林文化遗址→松江大学城→泰晤士小镇→民宿体验（松江）

推荐游览时间：二日游

交通：松江区各大景点比较分散，建议自驾，可先乘坐地铁 9 号线到达松江大学城周边。

14 饱览浦江两岸 经典打卡地

上海中心→东方明珠→上海环球金融中心→金茂大厦→上海吴昌硕纪念馆→震旦博物馆→国金中心→上海外滩美术馆→外滩建筑群（浦东 黄浦）

推荐游览时间：一日游

交通：乘坐地铁 2 号线陆家嘴站到达浦东游览，之后乘坐地铁 2 号线到达人民广场站，沿福州路等前往外滩。

15 慢享城市生活

世博会博物馆→上海当代艺术博物馆→外滩万国建筑博览群→十六铺水岸→浦江游览游船码头→浦江夜游（黄浦）

推荐游览时间：一日游

交通：可从南园骑行，沿途探访三个博物馆，乘坐公交至外滩，然后步行至十六铺水岸和游船码头。

16 工业遗存体验之旅

上海国际时尚中心→怡和 1915→民生粮仓→船厂 1862 时尚中心（杨浦 浦东）

推荐游览时间：一日游

交通：从上海国际时尚中心乘坐公交车至怡和 1915，然后步行至丹东路码头，乘坐轮渡至民生粮仓，骑行可至船厂 1862 时尚中心。

17 黄浦江畔潮生活

外白渡桥→白玉兰广场→ W 酒店→北外滩上海港国际客运中心码头 SSC 经典车盛荟（虹口）

推荐游览时间：半日游

交通：从外白渡桥步行，沿路探访海鸥饭店，然后骑行至白玉兰广场和 W 酒店，沿北外滩滨江绿地骑行，可到北外滩上海港国际客运中心码头。

18 从静谧悠然到繁华深处

东方体育中心→世博后滩湿地公园→中华艺术宫→梅赛德斯－奔驰文化演艺中心→艺仓美术馆（浦东）

推荐游览时间：一日游

交通：地铁6号线、8号线、11号线东方体育中心站下，步行游览，后可乘坐地铁2号线至陆家嘴站前往陆家嘴。

19 "穿越"千年龙华和百年工业

龙华寺→龙华革命烈士纪念地→龙美术（西岸）馆→塔吊→云建筑站（公共服务中心）→日晖港桥（徐汇）

推荐游览时间：半日游

交通：地铁11号线、12号线龙华站下，步行游览至徐汇滨江。

20 漫步苏河岸

上海邮政总局→前英国驻沪领事馆→上海宝格丽酒店→上海总商会→四行仓库抗战纪念馆（虹口 静安）

推荐游览时间：半日游

交通：可从上海邮政总局步行至沿途目的地。

21 浦江游览学生专场

秦皇岛路游船码头→浦江游览（浦东 黄浦）

推荐游览时间：半日游

交通：可从秦皇岛路游船码头登船，进行水上游览。

22 "海上方舟" 捡拾温暖的历史

摩西会堂·犹太难民纪念馆→舟山路建筑群→白马咖啡馆→上海邮政博物馆（虹口）

推荐游览时间：半日游

交通：乘坐地铁12号线提篮桥站下，这条线路相关的点都在500米步行范围内，随后可乘坐地铁12号线至天潼路站，参观上海邮政博物馆。

品阅百年都市经典 23

星巴克烘焙工坊→上海百乐门→童涵春堂中药博物馆→和平饭店·老年爵士乐队（静安 黄浦）

推荐游览时间：半日游

交通：乘坐地铁 2 号线静安寺站下，到达百乐门。从此处搭乘 71 路（中运量） 可到达豫园区域，随后乘坐地铁 10 号线到达和平饭店。

24 文学记忆——“对话”张爱玲

长宁来福士校园旧址→市三女中→张爱玲旧居→常德公寓→美丽园→熊佛西楼（长宁）

推荐游览时间：半日游

交通：乘坐地铁 2 号线依次到达中山公园站、江苏路站、静安寺站，加步行可到达各个点。

讲述光荣与传奇 25

中共二大会址纪念馆→ 1920 毛泽东旧居→中共上海地下组织斗争史陈列馆暨刘长胜故居（静安）

推荐游览时间：半日游

交通：可从中共二大会址纪念馆乘坐 71 路（中运量）到达 1920 毛泽东旧居，然后步行至中共上海地下组织斗争史陈列馆暨刘长胜故居。

26 观展赏花读书 沐浴春风“她”旅行

长风大悦城屋顶高登公园→上海国丰酒店·英式下午茶→上海长风海洋世界与乐高探索中心两馆优惠游→苏州河读书分享会（普陀）

推荐游览时间：一日游

交通：地铁 13 号线大渡河路站，全程步行。

舌尖上海——寻找老味道 27

新天地→味香斋→老大昌→光明邨大酒家→长春食品店→老人和（黄浦）

推荐游览时间：一日游

交通：一路沿淮海路步行。

漫步浦东奇妙寻梦 28

迪士尼小镇→光明生态园→民宿体验→迪士尼乐园（浦东）

推荐游览时间：二日游

交通：乘坐地铁 2 号线至龙阳路站换乘 16 号线至罗山路站，再换乘地铁 11 号线至迪士尼站。

29 跑出佘山酷生活

上海欢乐谷→月湖雕塑公园→佘山国家森林公园→辰山植物园→广富林郊野公园→民宿体验（松江）

推荐游览时间：二日游

交通：松江区各大景点比较分散，建议自驾。

智能生活探秘之旅 30

上海超算中心→上海集成电路科技馆（浦东）

推荐游览时间：半日游

交通：可乘坐张江环线到达上海集成电路科技馆。

31 仰望上海最美星空

上海海昌海洋公园→南汇嘴公园→滴水湖皇冠假日酒店（浦东）

推荐游览时间：二日游

交通：自驾前往。

特色酒店推荐：滴水湖皇冠假日酒店

32 水乡寻访

练塘古镇·陈云少时故里→青西郊野公园→金泽·品 700 年前的下午茶“阿婆茶”（青浦）

推荐游览时间：二日游

交通：各景点较为分散，适合自驾。

33 汽车文化节——极速汽车动感之旅

紫藤园→上海汽车博物馆→上海国际赛车场→上海保利大剧院（十二艺节剧目）

推荐游览时间：一日游

交通：乘坐嘉定 112 路从紫藤园到上汽大众，随后可搭乘地铁 11 号线分别到达上海汽车博物馆和上海国际赛车场。

34 上海樱花节——樱花飞舞好春光

上海大学伟长楼剧场（十二艺节剧目）→顾村公园·上海樱花节→上海宝山国际民间艺术博览馆→闻道园·徽派建筑（宝山）

推荐游览时间：一日游

交通：地铁 7 号线顾村公园站起程，全程可自驾。

35 寻宝城市工业新地标

中国 3D 打印文化博物馆→上海玻璃博物馆→闻道园（宝山）

推荐游览时间：半日游

交通：这条线路的景点之间距离较远，需要搭乘公交或自驾游览。

36 上海崇明自行车嘉年华——单车骑行逛瀛洲

东滩→崇明学宫→北沿公路→崇明房车基地→紫海鹭缘浪漫庄园→东平森林公园→崇明区博物馆→民宿体验（崇明）

推荐游览时间：二日游

交通：崇明区各大景点比较分散，建议自驾，个别景点之间可骑游。

37 上海桃花节——寻访都市里的桃花源

王厅桃海→百匠村民宿→赵桥村→海上桃花源→周浦花海（浦东）

推荐游览时间：一日游

交通：全程自驾形式。

38 金山田野百花节

枫泾古镇→金山农民画村→东林寺→廊下郊野公园→民宿体验（金山）

推荐游览时间：二日游

交通：金山区各大景点比较分散，建议自驾，可先搭乘金山小火车到达金山卫站。

39 兰笋文化节——云间赏春踏青去

上海辰山植物园→佘山“山脚下的书店”→上海世茂洲际酒店（松江）

推荐游览时间：二日游

交通：松江区各大景点比较分散，建议自驾。

特色酒店推荐：上海世茂洲际酒店

40 上海奉贤菜花节

奉贤新城→花米庄行·上海奉贤菜花节→民宿体验→上海海湾国家森林公园（奉贤）

推荐游览时间：二日游

交通：全程自驾前往。

线上打卡

“上海女性”官方微信开通“女神的足迹”上海女性文化地图线上打卡活动。您可以搜索“上海女性”（*shanghaifulian*）微信公众号或扫下图二维码，进入趣活动菜单的“文化打卡”栏目，开启您专属的“女性文化之旅”。70个红色、海派、江南文化场所尽在掌握，各区地图快捷入口帮您迅速找到附近的打卡地和相关*TIPS*。除了在线签到，您还可以拍摄美景倩影，配上心语感言上传。我们期待在排行榜上看到您的足迹！如果您名列前茅，还有神秘礼物等您拿！